网络营销基础与实践研究

李黎丹◎著

图书在版编目（CIP）数据

网络营销基础与实践研究/李黎丹著. --长春：吉林出版集团股份有限公司, 2023.6
 ISBN 978-7-5731-3813-2

Ⅰ.①网… Ⅱ.①李… Ⅲ.①网络营销－研究 Ⅳ.①F713.365.2

中国国家版本馆CIP数据核字(2023)第132081号

WANGLUO YINGXIAO JICHU YU SHIJIAN YANJIU

网络营销基础与实践研究

著　　者：李黎丹
责任编辑：欧阳鹏
封面设计：冯冯翼
开　　本：710mm×1000mm　1/16
字　　数：220千字
印　　张：11.5
版　　次：2023年6月第1版
印　　次：2023年6月第1次印刷

出　　版：吉林出版集团股份有限公司
发　　行：吉林出版集团外语教育有限公司
地　　址：长春市福祉大路5788号龙腾国际大厦B座7层
电　　话：总编办：0431-81629929
印　　刷：长春新华印刷集团有限公司

ISBN 978-7-5731-3813-2　　定　　价：69.00元
版权所有　侵权必究　　举报电话：0431-81629929

前　言

随着经济全球化的深入发展和信息技术的日新月异，网络逐渐成为人们生活和工作中不可或缺的服务工具。以互联网为核心的网络技术的发展与应用，使整个社会步入了网络经济时代，在此基础上网络营销开始逐渐显现其强大的市场作用。作为一个巨大的宣传平台，网络不仅影响着人们的生活，还改变着企业的经营环境，为网络营销奠定了坚实的基础。

本书介绍了网络营销的理论，对学科建设和发展的成果、信息和资料进行了整理，并将网络营销理论和实践相结合。同时，对当下多个网络营销典型案例进行了深度剖析。本书的顺利出版，要感谢众多网络营销平台运营方的大力支持和帮助。本书在撰写过程中得到了许多专家学者的帮助和指导，并参考了大量的相关学术文献，在此一并表示真诚的感谢。由于笔者水平有限，书中难免会有疏漏之处，希望各位专家和读者予以批评、指正，以期日后更加完善。

2023 年 4 月

目　　录

第一章　网络时代的内容营销 ···································· 1
　　第一节　从信息诉求到内容营销 ···························· 1
　　第二节　内容生产与内容传播 ······························ 9
　　第三节　内容营销的策略 ································· 18

第二章　社群经济时代自媒体平台营销策略 ······················· 24
　　第一节　社群经济时代社群类型的构建 ····················· 24
　　第二节　社群经济时代微信平台的营销策略 ················· 48

第三章　网络消费者评论挖掘与跨平台网络营销 ··················· 73
　　第一节　网络消费者评论挖掘 ····························· 73
　　第二节　跨平台网络营销实践 ···························· 113

第四章　数据驱动的多渠道多类型网络广告效应 ·················· 140
　　第一节　多渠道网络广告的即时效应 ······················ 140
　　第二节　基于电子忠诚度细分的付费搜索广告效应 ·········· 148
　　第三节　电子优惠券的营销效应 ·························· 167

参考文献 ··· 176

第一章 网络时代的内容营销

随着数字技术与互联网媒介平台的不断发展，市场营销生态及广告也发生了一系列变革。在数字时代，传统广告的单一信息诉求法则已无法适用于日益复杂的媒介环境与受众，而内容营销正是在这样的背景之下演化而生的一种营销传播形态。

第一节 从信息诉求到内容营销

一、营销生态的变化与广告变革

曾经，营销是一项极为简单的任务。一家企业，一件产品，一段宣传标语，一个营销团队，再加上几则在大众传播媒介上滚动播出的广告就能够完成。如果消费者有深入了解或购买的需求，则让销售人员跟进，与其进行详细的沟通即可。

在新媒体的冲击之下，随着传统大众媒介的式微，基于单一信息诉求的传统广告再也无法深达年龄有差、性别有异、认知有别、需求有序的广大消费者群体。互联网技术的崛起使人们能够随时随地进入网络，瞬息之间便可以找到成千上万的备选方案。互联网、社交媒体及数字化等技术的盛行，渗透到消费者生活的方方面面，同时也使数字时代的营销传播发生了诸多变化。

（一）营销生态的变化

1. 互联网引发信息爆炸

信息爆炸，是对近几年来信息量快速发展的一种描述，形容其发展的速度如爆炸一般席卷整个地球。互联网打破了信息生产与传播的时空限制，并且拥有几乎无限大的信息容量。借助互联网技术的发展，网络平台上每一天都会新生成海量信息，网络上的信息总数量呈几何式增长——我们将此现象称为"信息爆炸"。在信息爆炸的当下，海量并且冗杂的各种信息充斥着用户的眼球，广告商发布的一条营销信息很容易被淹没在信息的海洋中，难以触达用户。用户的注意力成为数字营销时代最稀缺的资源，广告商们开始"抢夺"用户注意力，致力于让自己的广告信息在用户脑海中留下深刻印象。

2. 社交媒体为普通用户提供信息传播的渠道

社交媒体突破了专业性、技术性、经济条件等门槛，让普通用户也拥有了在公共媒体发声的渠道。信息生产与传播不再是专业机构或人员的专利，传播的新常态是传播主体多元化，人人皆为信息的生产者和传播者。用户只要有一部移动端设备和一个社交媒体账号，便可以随时随地在社交媒体上发布自己的观点和想法，传播给社交网络上的其他用户。

3. 消费者拥有主动选择信息的能力

虽然目前印刷广告、电话推销、电视广告营销等方式仍然会出现在生活之中，但是随着互联网和移动端设备在消费者中间不断普及，传统主流媒体把控传播的绝对主导权时代早已成为过去。人们不再从单一线性的传统媒体（电视、广播、报纸等）获取信息，而是具有更自由的信息选择权利，从过去只能被动接受强制推送给自己的信息，到现在能够主动去互联网平台搜索需要的信息并有选择性地接收信息。在此情况下，具有主动选择权的消费者可以自主甄别、理解和接受符合自己认知喜好的信息，而不符合消费者偏好的信息则会被消费者拒绝。

（二）传统广告的变革

广告，是营销传播的关键环节，也是企业与消费者之间最为直接的联系。随着营销环境的变迁，广告形态从传统广告进化为数字广告。相对于传统广告针对单一信息诉求，以单一来源信息对消费者进行购买说服，数字广告属于多元复合信息，其经营与运作方式、信息生产和传播都发生了翻天覆地的改变，主要体现在以下几个方面。

1. 广告信息来源的变革

传统广告唯一的信息来源是广告主,消费者只能接收到广告主想要传播给消费者的信息,而无法获取更多自身想要了解的其他信息。这种广告只有单一信息来源,对于消费者而言是不完全信息,是广告主对消费者单方面的劝服。数字时代的广告则具有多方信息来源,除了广告主发布的信息外,消费者还可以获取来自"F因素"、其他消费者和专家等不同群体的信息,对消费者来说,这些信息经过整合后接近于真正的完全信息,从而使他们对品牌或产品形成更全面、更真实的认知。

2. 广告生产主体的变革

传统媒体时代,广告基本是由作为个体的广告从业人员或者作为组织的广告公司来完成。营销环境的变革,使各种机构、自媒体、用户等多元主体都能在媒体平台上发布内容,数字广告的生产主体不再局限于单一的企业或者广告商,互联网上的普通用户也开始参与广告的生产。在数字广告创作的过程中,专业广告人员与普通消费者能够进行分工协作,互相取长补短、合作共赢,生产出更符合用户个性化需求的广告。

3. 广告传播客体的变革

传统广告通常将市场上的目标消费者看作具有统一需求的整体。企业只需要通过电视、报纸、广播等大众媒介,向广大消费者统一进行营销传播。此时的广告传播客体是没有进行细分的用户群,无论何种需求的人们只能接收该广告的引导,是一种泛大众营销。但到了数字时代,消费者作为广告传播客体的差异化、个性化得到凸显,数字广告将消费者群体进行细分后,再根据不同群体的独特需求进行精准匹配传播。此外,数字时代的消费者群体从过去孤立的个体逐步变为聚合的、能够产生认同感的、分享体验的社群,内部的声音能够影响到其他成员的判断。因此,数字广告还必须考虑到其目标传播客体所在的社群。

4. 广告信息生产的变革

在大众媒介时代,传统营销传播中的广告是以单一或几种符号类型为主的信息生产。无论是文字、声音,还是视频,其广告均是以一对一或一对多进行劝服并达成购买的线性传播，此时的广告重点是信息的数量和表意的清晰程度。随着人工智能、大数据等技术的发展，社交媒体中的广告不再是单一的文字、图片、视频或这些信息的简单组合，而是多种信息的聚合，并且进行与用户建立关系连接的信息再生产，即内容再造。所谓内容再造，是指用户可以将广告主发布的广告信息进行更加可信、明显、有吸引力的再加工，这使得数字时代的广告能够达成广告主与消费者之间的双向互动与反馈。

5. 广告表现形式的变革

不同的媒介载体决定着广告的表现形式，传统的大众媒体几乎没有企业与消费者的互动。尽管电视、报纸、广播等仍是营销商最为常用的广告投放渠道，但单一的视频、文字、图片等广告信息，无法有效触及已经完成从被动接受向主动获取角色转变的消费者。

大数据、云计算、人工智能等数字技术的全面渗透，使数字媒介环境凭借其互动化、精准化、差异化、碎片化等优势，能够按需定制广告，完成线上线下一体化的智慧营销。例如，已经成熟的微信、微博信息流广告，H5广告，能够进行用户行为组合的融屏广告，基于场景营销的LBS精准匹配广告，除此以外，还有正在逐渐发展中的"AI+短视频"广告、互动广告、沉浸式交互广告等。这些广告表现形式是智能化技术最有效运用的传播表现，对企业而言能够大幅提高营销效率、精准、实时、主动地触及消费者，对于消费者而言能够获得最为直接、全面的广告信息，充分满足其信息需求。

二、内容营销的定义与特点

在数字时代，广告被置于全新的营销环境和传播生态之中。越来越多的企业开始为消费者提供聚合性的多元复合广告信息，将传统广告信息加工成为更丰富、更有吸引力的品牌营销内容，这种现象逐渐发展形成了一种新型营销传播形态——内容营销。如今，内容营销已经成为数字时代营销传播的核心驱动力和品牌价值中的重要组成部分，为广告主提供精准、高效、低成本的营销服务。

（一）内容营销的定义

1996年，美国报纸编辑协会初次提出"内容营销"这一概念。早期的内容营销，是企业或者营销商借助于外部内容，以产品为中心展开的营销活动，也就是将产品的营销内容嵌入特定的媒介之中，即植入式营销。此时的内容营销受到媒介特点的限制，用户对于产品的直观感知大于营销活动带来的体验。

后来，内容营销发展为由专业营销团队生产内容并以消费者为中心展开的营销活动。此时的内容营销有了更强、更具体的针对性，目标群体也开始分化，不再简单粗犷。

随着技术的飞速发展，现在的内容营销早已被广泛应用于数字营销传播领域。"内容营销"这一词汇已被学界和业界熟知，但尚未有一个统一的定义，不同的专家或学者对内容营销的内涵都有着自己的见解。内容营销之父乔·普利兹（Joe Pulizzi）认为，内容营销是创建及传递有价值和引人注目内容以吸引现实的或潜在的目标顾客的商业营销过程，目的是促使顾客做出能为企业带来利润的行动。现代营销学之父菲利普·科特勒（Philip Kotler）认为，内容营销是包含创造、组织、分配、详述过程，涉及有趣、贴切、有用的内容，目标是与特定的用户群展开有关内容的对话的营销方法。前英特尔全球营销战略总裁帕姆·狄勒（Pam Didner）认为，内容营销就是创建相关的、有价值的、具有吸引力的内容，并将其分享给目标受众，以吸引新顾客或增加现有顾客再次购买的过程。

从国内外学者对于内容营销的定义可以看出，几乎所有的定义都强调内容营销的核心在于创造和传播"有价值的内容"。有价值的内容是内容营销的基础，不仅包括产品、专业性的服务和品牌文化，也包括令消费者感到印象深刻、满足其需求并产生信任和分享行为的内容。

我们认为，数字时代的内容营销不是指某一场具体的营销活动，而是利用有价值的优质内容满足顾客对多种信息的需求，创造和顾客接触的机会，是一种新的营销传播形态，其目的是让顾客对内容本身产生兴趣，其本质就是创造交流机会，让顾客积极参与互动和传播，从而达成营销的目的，构建并发展双方或多方的新型品牌关系，传播与分享的内容也构成了关联品牌的重要资产。

（二）内容营销的主要特点

同传统广告一样，文字、视频、语音、图片等一切信息载体也是内容营销的表现形式，但运用这些信息载体的营销却不一定是内容营销。内容营销并不是简单地把传统广告内容移植到数字平台上，相对于传统广告，数字时代的内容营销具有以下特点。

1. 价值性

内容营销的价值性较之传统广告有所不同，是以消费者的需求为价值导向。广告是品牌销售产品和服务所需传达的信息，而内容包含的则是客户达成自我和工作目标所需要的信息。换言之，传统广告以实现广告主的营销目标为中心、致力于帮助商家向消费者传递品牌、产品或服务的营销信息，重点关注消费者是否接收到了营销信息，以及是否做出购买行为。而内容营销则以提供信息来满足消费者的各种需求为价值导向，能够满足消费者需求的内容才是有价值的内容。内容营销并不会直接促成销售行为，而是通过持续不断地为消费者提供有价值的内容来满足消费者的需求，逐渐与消费者建立深层次的情感、信任关系，从而达成营销目的。

2. 多样性

内容营销的多样性体现在多个方面，主要包括以下几点：

（1）多样的内容形式与载体：H5、短视频、融屏技术、AR、VR等新兴技术丰富了内容呈现形式与载体，从视、听、感等方面增强了用户心中多维度的印象，给用户带来了立体化的体验。

（2）多元参与主体：在内容营销的流程中，无论是内容生产、创意策划还是内容传播，都能够由广告方、平台方、普通消费者、KOL等多方主体共同参与、协作完成。

（3）多种信息来源：内容所传达的不再是品牌方或权威机构的单一声音，消费者通过内容能够获取其他消费者、KOL、品牌竞争对手等营销环境中全部参与角色的信息，全角度了解品牌或产品的真实情况。

3. 交互性

菲利普·科特勒将传统广告比喻成"广播"，而将内容营销比喻为"对话"。这一比喻表达的是，传统广告是单一线性的传播模式，信息只能从广告方传递到消费者，广告方与消费者之间无法进行双向交流；而内容营销则是交互性的传播过程，借助社会化媒体建立起广告方与消费者之间双向沟通的桥梁，发起广告方与消费者之间的对话。这里的"对话"不是指面对面地交谈，而是广告方通过在社会化媒体上发布能激发消费者交流意愿的内容，引发消费者对内容作出回应，向广告方传达自己的观点和思想，双方在长期的交流和互动过程中加深对彼此的了解。

4. 分享性

过去人们很少会去与他人分享一则传统广告，而如今品牌在社交媒体上发布的一则内容却能够引发人们的热议和转发的热潮，这是由于内容营销具有分享性的特点。

内容营销所生产的内容是一种社交货币，能够引起用户自发的转发分享行为。"社交货币"的概念由美国营销学家乔纳·伯杰（Jonah Berger）提出："就像人们使用货币能够买到商品或服务一样，使用社交货币能够获得家人、朋友和同事的更多好评和更积极的印象。如果产品和思想能使人们看起来更优秀、更潇洒、更爽朗，那这些产品和思想自然会变成社交货币，被人们大肆谈论，以达到畅销的效果。"分享内容能够帮助用户建设自身的社交形象，比如分享幽默的内容能够展现用户的风趣，分享富含哲理的内容能够显示用户思想的深度。广告方将内容打造成符合用户想要展示的自我形象的社交货币，用户便会为了强化社交关系而主动向他人分享该内容，从而扩大内容的传播范围和影响力。

三、内容营销的分类

从内容的角度来划分，内容营销主要有三大类，即娱乐型内容营销、功能型内容营销和情感型内容营销。

（一）娱乐型内容营销

娱乐型内容营销提供给消费者休闲娱乐的体验，帮助消费者打发闲暇时间。这类内容注重的是娱乐性、幽默性，为消费者带来有趣的讯息，在欢声笑语中潜移默化地传递出品牌精神与产品信息。杜蕾斯便是娱乐型内容营销应用的成功典范之一。杜蕾斯的品牌微博账号近年来一直保持幽默风趣的品牌形象,持续产出带有搞笑内涵元素的作品,深受粉丝喜爱。很多消费者不愿看广告,却会主动去看杜蕾斯的文案并津津乐道,正是源于其内容的娱乐性。其发布的海报、文案看似无厘头,但实则隐含了品牌文化和产品性能信息,借此提高了品牌知名度和产品推广效果。

(二)功能型内容营销

功能型内容营销注重内容的实用性,其所包含的信息能被用户使用或为用户提供实际帮助,进而成为消费者日常生活不可或缺的一部分,长期为消费者提供服务。功能型内容营销对用户的作用主要包括:

第一,教育科普作用,让用户通过阅读内容掌握新的知识或技能,比如佳能推出一档名为"佳能101"的科普教学节目,教授用户如何正确运用相机设置和镜头拍出更好的照片。

第二,参考指导作用,为消费者提供决策建议,比如支付宝 App 在理财产品板块推出"理财小黑板"栏目,可根据用户个人的资产水平、投资偏好,为用户推送适合的理财产品,并进行介绍和推荐,提供理财建议。

(三)情感型内容营销

情感型内容营销通过刺激消费者的某种特定情绪,满足消费者心理诉求,引发消费者情感共鸣。相对于功能型内容营销针对消费者的理性诉求,情感型内容营销则注重消费者的感性诉求,强烈的情感往往能够对消费者行为产生巨大的影响。亲情、爱情、友情、爱国等情感是情感性内容的经典主题,比如百雀羚推出的母亲节广告片《妈妈的脸爱说谎》,通过描绘母亲为家庭无私奉献的情景,触发身为子女的每一个人对母爱的感恩之情。这类普遍性情感是人类的本能,能够引起广泛的共情效应。除了普遍性情感外,诸如追逐梦想、热爱自由、追求平等等情感主题也常被运用于针对特定目标群体的内容营销,比如内衣品牌"内外"推出的广告片《没有一种身材,是微不足道的》,唤起众多女性群体自爱、自信的积极情感;白酒品牌江小白在瓶身印制"经典语录"——"不做社会流水线式的产物,我们是时代的先行者""我们不要成为马云,要做最好的自己"等,表达了年轻一代"叛逆"青年对打破规则的强烈向往。

第二节 内容生产与内容传播

内容生产与内容传播是内容营销的两大重要组成部分。内容生产是内容营销的价值来源,没有好的内容便无法达成营销;而离开有效的内容传播,无论生产出的内容如何精彩,也无法触达受众、实现其价值。

一、内容生产模式与流程

数字时代的内容生产是传媒领域的社会化大生产,其生产模式与生产流程都发生了重大变革。不仅允许不同的主体在同一时间、同一平台进行内容的制作和传播,同时也打破了传统大众媒介信息生产流程的机械化、简单化特点。

(一)内容生产模式

优质的内容生产才能带来更多的用户,带来更大的价值,并且促进营销的变现。互联网技术的不断发展,不仅使内容的来源更加多元化,并且令内容生产的主体不再局限于专业的营销团队或者媒介机构。智能设备的普及使每个个体都拥有了利用媒体进行自主选择、表达自我的权利,全面生产的时代已经到来。现阶段的内容生产主要包括以下几种形式:

1. BGC 模式:brand generated content

BGC 模式即"品牌(企业)生产内容"。BGC 的内容生产主体是品牌自身,由品牌方主导设计和发布原创内容。这类由品牌方原创的内容,可以更好地把握主题方向,表达品牌深层次的精神内涵,向消费者传递品牌价值观。众多知名品牌都拥有自己的内容创作团队,深度研究如何将品牌文化、品牌理念融入内容之中,创作蕴含品牌价值的广告作品。

2. PGC 模式:professionally generated content

PGC 模式即"专业生产内容"。PGC 的主体是具有专业性的专家,他们在某一领域具有专业身份（资质、学识）。品牌可以邀请在某领域比自己更具有发言权的专家来产出内容，由专家来为用户提供更具权威性的内容，以转化或吸引更广泛用户的关注。知乎平台上的许多大V是某些领域的专业人士或资深爱好者，这些大V便是典型的PGC代表。许多品牌会在知乎上物色并委托相关领域的大V对自己的品牌和产品进行评测及推广，比如华为和小米等数码科技品牌在新品发布前都会邀请知乎数码领域大V提前试用新产品并发布体验评测。

3. UGC模式：user generated content

UGC模式即"用户生产内容"。UGC的生产主体是普通的用户，社交网络上的任何用户都能够参与内容创造。零门槛限制让用户获得发挥能力、表达自我的机会，可充分调动用户参与内容创作的积极性，用户生产内容的形式非常广泛，除了用户制作的广告作品外，消费者的在线评论、转发、弹幕、留言、购买评价、体验分享等，都属于用户生产内容范围。

用户生产的内容从普通人的视角出发，往往更贴近普通用户的现实生活与真实情感、更能打动消费者的心灵，对于消费者来说也往往更有说服力和可信度。此外，用户生产的内容能够借助用户的社交网络进行传播，用户既是受众群体又是传播渠道，有机结合了媒体传播渠道和人际传播渠道，大幅提高了传播效果。

4. PUGC模式：professional user generated content

PUGC模式即"专业用户生产内容"。PUGC是UGC＋PGC相结合的内容共创模式，多方内容生产主体相互配合。PUGC模式不仅有着UGC内容的广度，同时还拥有PGC内容的专业深度；PUGC中的专业用户既是平易近人的普通消费者，也是具有专业能力和粉丝影响力的"半专业人士"。

在PUGC模式下，品牌方、平台方、用户共同承担着内容生产的任务，组成了一个共生的群落。平台方会在普通用户中选拔一些具有培养潜力的对象进行包装和打造，给予这些用户专业技术、创作资金、平台流量等方面的支持，将其培育成为具备专业知识和技能、影响力更大的内容创作"达人"。品牌方则在投放平台挑选符合需求的"达人"用户，委托其创作内容来为品牌做营销。小红书便是PUGC模式盛行的平台之一、小红书将众多素人用户培育成"网红"博主，这些"网红"平日里会和普通用户一样在小红书上分享自己的日常，在接到品牌的商务推广活动后则会创作相关营销内容发布于自己的社交账号主页。

（二）内容生产的流程

内容的生产相对于传统广告制作更为复杂，涉及细分受众群体、媒介平台选择、多元生产主体等诸多因素，因此需要进行详尽的生产流程规划，有序执行任务。内容生产的流程主要分为以下四个步骤。

1. 确定内容生产目标

品牌在进行内容生产规划时，第一步是确定内容生产的目标是什么。设定目标是内容生产的起点，只有跟随正确的目标方向才能创造出成功的内容。

设定内容生产目标需要明确以下三个方面问题：

（1）为何而生产内容？生产者需要确立本次生产内容的首要目的是什么，比如是要塑造品牌文化，或是吸引潜在顾客，抑或是与忠实用户加强感情等。

（2）为谁而生产内容？生产者需要明确品牌内容的目标受众是谁，具有怎样的特点和需求。

（3）生产何种内容？生产者需要预设向受众传递什么样的信息，结合品牌的营销目的与受众的需求，选择内容的类型和风格等要素。

2. 建立内容生产规划

在确定了目标后，便可以依据目标建立内容生产规划。建立内容生产规划的目的，是为了实现最大化的品牌资源利用和高效率的内容生产过程。内容生产规划涉及内容标题、内容类型、内容受众角色、内容生产者、内容篇幅、内容叙事风格、创建日期及发布日期等，是在正式进入内容生产流程前就要明确的生产指南。

在建立规划前，先要明确品牌有哪些可以利用的内容资源，创建品牌内容资产清单并进行实时更新，以便更好地运用内容资源指导内容生产。

内容生产规划需要细致到每一天的生产任务规划，建立具体的任务推进日程表，让所有参与者都能知道要在何时执行怎样的工作，便于监督生产进度的推进，保障内容生产任务按时按需、保质保量完成。

3. 组建内容生产团队

内容生产工作需要多种职能人员的合作，包括主题专家、调研人员、文案人员、平面设计师、视频拍摄团队等。此外，内容生产团队中可能既有公司内部团队，也有外包代理团队，甚至包含互联网上的普通用户。在复杂的成员组合情况之下，团队成员之间的沟通和反馈变得愈加重要。各个内容生产团队和人员之间需要定期召开会议，同步进度，统一方向，交换资源和灵感创意，促进更好的协同合作。

4. 管理和评估内容生产

为了保障实际的内容生产过程符合规划目标，在内容生产正式进入制作流程后，需要对制作流程进行管理。广告企业通常会设立专门的内容经理，负责全程监督管理内容生产的具体操作与进度推进。借助现代化技术，许多大型营销公司采用自动化的工具来管理大规模内容制作流程，内容制作的进度会实时同步于公司内部网络平台，由数字智能系统进行自动追踪。

在内容制作完成后，还需要对内容成品进行评估，看是否符合生产目标和生产规划，如存在问题则需要进行返工修改。

5. 上传并发布内容

在内容创作完毕并通过评估标准后，即可上传网络进行内容传播分发，这一环节通常会交由专业的内容传播团队来执行。

6. 整理并共享内容包

生产完成后的内容除了在当期进入传播渠道以外，还可以进行重复利用或在原内容基础之上进行再创作、再拓展。企业可以整理归纳创建内容的"主题""受众""主要元素""生产具体流程"等描述形成列表，将内容收纳入公司的内容资源库，与其他生产团队共享使用，便于未来的资源查找与利用。

二、内容创意与创意引爆

从传统广告时代到数字营销时代，即便在形式、形态和内涵上发生了各种变革，但创意一直是广告不变的核心。在内容生产中，精彩的创意依然是内容引爆的关键因素，与时俱进的创意思维也依然是广告人的看家本领。

（一）数字时代的内容创意实质

一件产品、一个品牌或者一个企业，想要在消费者心中留下难以磨灭的印象，那么它一定要有一个触达消费者"味蕾"的东西存在，这个东西区别于其他存在，要么是其本身的特质，要么是营销商基于消费者需求，组合媒介技术带来的令人耳目一新、印象深刻的内容创意。

创意，这一概念发轫于广告，运用于广告，成熟于广告。

内容创意，就是广告内容的不寻常内容，是广告取得预期效果的灵魂，也是数字营销时代广告最为核心的竞争力。内容创意，并不一定要求绝对程度的原创，只需将用户的需求作为前提，以一个创新且有趣的话题或者形式将品牌的内容融入进去，使内容具有品牌独一性即可。

社会化媒体的出现，给予了内容创意更多的表现可能性和选择可能性，增加了交互感和临场感的体验。传统媒体广告，依赖于传统媒介的公信力，是单向度、线性的诉求创意，对于大众是一种立足于市场的垂直吸引力；而社交媒体广告中的内容创意，是网状多元的双向互动传播，对于社交媒体用户而言，能够在内容的深度、广度及社会性上产生不同以往的效果，是一种面向差异化、碎片化需求用户的水平连接力。

技术的支持，不仅使营销商能够在内容的来源、形式、信息、载体等方面产生新的想法，更可以通过社会化媒体建立起营销商与用户、用户与用户之间的多种联系。数字时代的内容创意，亦是多种内容、多种形式和多种关系相互共融的结果。

（二）数字时代内容创意引爆的方法

随着媒介技术不断进步，传播载体、传播特点、传播效果都形成了新的变化，内容在创意制作和传播过程中也更加关注受众在营销传播中的主体地位，并期望集结庞大受众群体的力量来为品牌进行营销宣传。数字时代的创意不仅要牢牢抓住用户的注意力，更是要通过创意引爆用户的传播、分享、参与与再创造，获得最佳的营销效果。

1. 挖掘内容蓝海

人类的天性便是对新颖的事物感兴趣而对重复性的事物感到乏味，也更乐于向他人分享新鲜事物。因此广告方需要通过创新性思维的运用生产新颖的、差异化的创意内容。数字时代网络上已存在大量同质化内容，广告方要杜绝千篇一律的内容生产，挖掘那些无人涉足或尚未饱和的内容领域，即内容蓝海。内容蓝海可以是别出心裁的表现风格或是令人耳目一新的呈现形式，也可以是被大众忽视的小众文化等。

2. 借助时事热点

社交媒体时代，人们会自发地在网络上对一些社会重大事件或话题进行搜索、讨论和转发，从而形成网络热点。企业可以借助这些热点所自带的巨大传播力和影响力，通过创意的手法把自身品牌的产品信息或品牌理念巧妙地融入社会性热点话题中，从而为内容增加媒体曝光度和社会关注度，扩大传播范围。比如里约奥运会期间，天猫专门开设了一个#天猫超级运动会#话题，中国国家队每获得一块奥运金牌，天猫便发布一张与该夺金项目相对应的创意海报，借助奥运会的国民关注度提升自身热度。

3. 加入分享元素

社会化媒体的兴起，使用户作为传播主体的意识和欲望不断增强。用户在接受内容的同时，也有着"分享"的诉求。通过在内容中设计一些能够引发人们分享和参与行为的元素，一方面可以引起用户自发参与内容的传播，使内容获得大量曝光，提高品牌知名度；另一方面还可以通过参与和互动过程，增加用户对于产品或者品牌形象的好感度和忠诚度。

我国月饼品牌华美月饼，便是通过在创意设计中融入分享元素，举办了多场引爆用户参与分享的内容营销活动。例如，2014年华美推出了一款"会说话的月饼"，在月饼礼盒上印刷一个二维码，购买月饼的送礼方用户在扫码后可以录制一段中秋祝福语上传网络，而收货方通过扫码可以进入华美设计的品牌微信公众号H5界面收听对方的祝福语，这种祝福语传递的过程即是一种内容分享的过程。该营销活动在微博曝光量达2.8亿次，活动参与量11万人次，这种引爆效果既源于新颖的创意形式，也归功于创意中所包含的分享与参与元素。

4. 邀请用户共创

单一个体的创新思维是有限的，而群体的智慧是无穷的。在内容创作过程中，借助社会化媒体平台的开放性与互动性，品牌方可以主动邀请用户参与内容创作，发挥广大用户群体的智慧，集思广益，获取优秀的创意和思路。例如，英特尔曾推出视频创意大赛，通过提供各种奖励，让用户参与为英特尔拍广告；酷6网与伊利、爱国者、联想、摩托罗拉、微软等知名企业联合举办了视频大赛，其中的优秀作品具有很高的热度。这些源自用户群体中的内容创意，往往更能贴合普通用户的心理，结合广告方提供的强大技术、平台等资源，双方能够合作创作出超越性的创意作品。

三、内容传播

生产出有价值、有创意的内容只是成功营销的第一步，在当下信息爆炸的传播环境中，每天都有无数内容在互联网平台上生成，再优秀的内容也有可能被淹没在信息的无边海洋里。因此，内容营销需要通过内容传播来发挥和传递内容的真正价值，广告主需要通过合适的内容传播让消费者发现自己的产品或者品牌。内容传播主要分为内容分配和内容推广两个环节，先选择内容分配的媒体渠道，再通过该渠道面向用户进行内容推广。

（一）内容的分配

媒体是内容通往消费者身边的渠道，内容传播首先需要选择内容分配向哪些渠道。内容营销可以使用三类媒体的组合实现内容合理有效的分配：自有媒体、付费媒体和获得媒体。

1. 自有媒体

品牌的自有媒体包括旗下的企业官网，以及微信公众号、微博账号、短视频账号等社交媒体平台账号。

自有媒体渠道完全被品牌方所掌控，品牌可以随时通过自有媒体发布内容。一般而言，自有媒体的传播受众都是忠诚的品牌现有粉丝或者想要了解品牌的交易客户。在自有媒体分配内容的主要目的就是与这些核心用户和边缘用户保持长期的联系，建立稳固的关系，增强用户黏性并提升品牌忠诚度。自有媒体的劣势在于受众的单一性，单凭自有媒体的内容传播很难拓展全新的用户资源，因此需要利用付费媒体和获得媒体来为自有媒体引流。

2. 付费媒体

指品牌为了分配内容而付费使用的媒体，数字营销中的付费媒体包括搜索引擎的推荐、付费的社交媒体投放和移动广告媒体等。

广告主根据自身需求与媒体平台签订合同，根据投放媒体对内容达成的曝光次数、转化率等指标付费，或者为内容购买搜索推荐位置和用户推送次数。一般而言，付费媒体被用来挖掘新的市场、开发潜在客户、为自有媒体带来流量、扩大产品或者品牌的知名度。在付费媒体投放中，具体的用户选择和监测权都由媒体平台方掌握，广告主的自主权会相对降低。

3. 获得媒体

包括品牌通过网络口碑或者用户自发分享所获得的曝光和普及。在获得媒体中，消费者即是媒体，消费者即是渠道。

当内容具有分享和传播价值时，用户便会通过自己的社交关系网络对内容进行二次甚至多次分享，内容借由用户的社交网络扩散，形成良好的口碑并获得强势的曝光。获得媒体是品牌需要日积月累形成的媒体资源，这一过程往往需要自有媒体和付费媒体的互补协助，帮助品牌吸引并笼络一批喜爱品牌内容并乐于分享的用户。

企业在进行内容分配时，需要基于内容特点、渠道特点和目标受众渠道使用特点来建立内容分配渠道方案。根据不同渠道的功能与传播特性，合理选择与搭配以上三种渠道，发挥各类渠道的最大效用。

（二）内容的推广

在选定内容分配的媒介组合后，下一步需要在媒体平台上进行内容的推广，使内容传播到更大范围，触达更多目标用户。随着数字技术的成熟和用户碎片化、差异化的需求变化，目前主流的内容推广模式包括算法推广和社交推广两种。在现实的应用场景中，广告方通常会同时结合运作这两种模式来协同完成精准、高效的内容推广。

1. 算法推广

依托大数据、云计算和人工智能等技术的算法分发模式是内容推广最为精准的模式。一方面，媒体平台会全面收集用户在互联网上有意或无意间留下的"痕迹"，包括个人基本信息、所处地理位置、消费信息、媒体使用记录、内容浏览记录等多方面的数据信息，然后将这些数据进行系统化的分析，形成用户画像。用户画像由大量的"标签"所组成，每一个标签通常是人为规定的特征标识，用高度精练的特征描述一类人，如年龄、性别、兴趣偏好等，比如一名哔哩哔哩（简称B站）上的女性用户可能在后台用户数据库中被标有"女性""学生党""追求时尚""热爱美食""喜欢韩剧"等标签。

另一方面，广告方也会为自己所发布并需要推广的内容选择内容分类标签，或者由平台方的内容审核人员或人工智能系统来添加。同一个内容通常会有多种类型的标签，比如B站上介绍世界各地美食的内容可能会同时有"美食""科普""海外""旅游""探店"等标签。

在进行内容算法推广时，平台智能系统将不同形式、不同类型、不同维度的内容对与其标签相匹配的用户群体进行定向推送。依靠算法进行的数据化分析是个动态连续的过程，并且根据用户不断变化的使用习惯和碎片化的实时需求进行调整，形成"千人千面"的内容推广。

2. 社交推广

通过社交媒体平台的人际关系网络实施社交推广也是一种重要的推广渠道，随着微博、微信、短视频等社交媒体覆盖越来越多用户的生活，社交媒体上的内容通过互动网络逐渐去中心化，每个用户不仅是广告的受众，同时也成为广告的传播主体。

社交推广的核心是借助品牌粉丝和社群的力量，品牌的忠实粉丝及社群成员更容易进行内容的点赞和分享，推动内容扩散，打造网络口碑，创造内容的蜂鸣效应。在内容推广中要注重品牌粉丝的培育和维护，构建优质社群，利用品牌所积累的粉丝和社群力量，在社交媒体上实现内容传播范围的扩大及影响力的提升。

利用社交媒体平台上的KOL进行内容推广也是近年来越来越热门的社交

推广手段之一。KOL 意为关键意见领袖，通常被定义为拥有更多、更准确的产品信息，且为相关群体所接受或信任，并对该群体的购买行为有较大影响力的人。社交媒体上的 KOL 在社交媒体上拥有一定数量粉丝，有一定的关注者和粉丝群体，具有特定领域较高的影响力，比如 B 站上的 UP 主、淘宝直播的带货主播、微博上的网红大 V 等。广告主通过与相应领域的 KOL 进行商务合作，请 KOL 在其社交媒体账号发布或转载品牌内容，为品牌进行营销宣传。由 KOL 所发布或转载的内容通常都会获得较高的播放量、转发和评论，推广的力度远超普通用户。

第三节 内容营销的策略

作为新兴的营销形态，内容营销在不断发展与探索过程中初步形成了自身独特的策略体系，主要由吸引力策略、连接力策略和共情力三个部分组成。

一、吸引力策略

数字时代，用户注意力资源变得愈来愈稀缺，各个品牌所发布内容之间的竞争日益激烈，吸引力在营销传播中的作用越发凸显。正如长篇文章的开头必须让读者感兴趣才能继续浏览全文，内容营销需要具备吸引力，才能为后续进一步营销策略的开启做铺垫，从而充分发挥内容的全部价值，实现营销目标。因此，吸引力策略是内容营销的首要策略。

在传统广告营销的语境中，吸引力被视为广告吸引消费者注意的能力。从海英兹·姆·戈得曼（Heinz M Goldmann）提出的 AIDA 推销模式，到研究消费者行为模式的 AIDMA 模型、AISAS 模型，广告对消费者心理的研究总是以吸引消费者的注意力（attention）为起点，然后再推及后续的了解、购买和分享等行为。进入数字营销时代后，菲利普·科特勒将"AIDA 模型"丰富为"5A 模型"，即了解（aware）、吸引（appeal）、问询（ask）、行动（act）、拥护（advocate）。在"5A 模型"中，"了解"和"吸引"仍然是消费者后续意愿和行为产生的重要先决条件，表明了实施吸引力策略的必要性。

传统营销中的吸引力策略便是围绕消费者的注意力来开展，基于消费者心理和行为机制、通过创造刺激消费者生理及心理的信息来尽可能攫取消费者的注意力。在这种单向刺激的模式下，消费者常常会被一些自己完全不感兴趣的广告强制吸引目光，有时候营销效果可能适得其反，比如早年间的一些魔性洗脑广告引起消费者的反感与抵制。

与传统营销不同，内容营销的吸引力策略并不是以吸引消费者注意力为核心。在内容营销的吸引模式下，消费者不再是客户群体中无差别的刺激目标对象，而是具有独立人格的、具备思想的、鲜活的、身处于社会关系当中的个体。内容营销的吸引力策略，是通过内容展开与品牌和消费者之间的平等交往过程，满足消费者个性化的需求和渴望，输出品牌价值观，使消费者在感受到尊重与满足的同时，自然而然被品牌吸引，产生接触品牌、亲近品牌的欲望，进而与消费者建立并保持长期亲密与信任的关系。

实施吸引力策略有以下三种常用方法。

（一）塑造品牌人格

在人与人之间的交往中，人们更容易被与自己志同道合、兴趣相投的人所吸引，想要与之深入交往。对于品牌来说亦如此，品牌也有自己的独特理念与价值观，消费者会更倾向于亲近与自己理念相契合的品牌。品牌可以通过内容营销来塑造自己的品牌人格，将品牌精神内核融入内容并进行传播，讲述品牌故事，将品牌独特的个性形象深深地植入消费者的心中，吸引与品牌具有相同理念、共同想法的消费者。

（二）提供个性化内容服务

在由价值观、社区、连接和技术构建的数字时代中，消费者在营销传播中的主体意识得到觉醒并不断增强。在营销服务过程中，消费者希望自己作为"人"的个性与独立性能得到尊重，相比"千人一面"的营销服务，更希望能获得差异化的对待。

通过为消费者提供个性化的内容服务，更能让消费者为内容所吸引。许多品牌会为用户提供精确到个人的定制化内容服务，比如游戏平台 Steam 会定期向用户发送邮件、在邮件中根据用户平时玩游戏的习惯和偏好,向用户介绍和推荐几款符合其喜好的新上市游戏。对于千篇一律统一发给所有人的推销广告,人们可能完全没有兴趣点开,而这种针对个人特性而生成、定向推送的个性化内容,则会更有兴趣浏览。

(三)关注细分人群和小众圈层

在消费需求之下,不同的消费者群体也具有不同的内容需求和媒体使用习惯。如老年人、残疾人等特殊群体,以及亚文化圈层的需求就需要进行差异化关注和针对性处理,定制生产符合这些特殊群体或圈层所需求的内容。

此外,一些小众圈层长期被主流所忽视,渴望得到理解和认同。品牌通过内容表达对这些小众圈层文化的尊重与认可,并借助自身的影响力,帮助这些小众圈层走进大众视线,让小众圈层中的消费者对品牌产生兴趣和好感。如江小白在品牌内容中融入大量嘻哈文化、并通过举办嘻哈音乐节等活动,助推嘻哈文化的传播与复苏,由此引起众多嘻哈爱好者对江小白品牌的关注,其中有部分嘻哈爱好者被成功转化为江小白的品牌追随者。

二、连接力策略

数字市场的新变化带来了互联网下连通一切的逻辑,借助数字技术建立起品牌、信息与人的多方广泛连接,并将其转化为数字网络上的一个个节点,形成连通性的价值网络。高度的连通性的实现要求内容营销必须具有连接力策略,通过内容连接品牌与消费者,共同参与品牌的发展。

连接力策略主要有以下三种形式。

(一)以信息为媒介的连接

信息连接是最表层的连接。在信息连接中,品牌通过信息流通渠道实现与消费者之间的触达与互动。一方面,品牌方为消费者提供其需要且想要了解的信息;另一方面,品牌方能够全面收集消费者的反馈信息,从而形成品牌与消费者之间双向的信息交流与交换,建立以内容满足消费者信息诉求为基础的信息连接。

内容的异质性和丰富性是提升信息连接强度的两大要素:内容的异质性强

调信息的差异性和原创性，要求品牌具有一定的内容原创能力，不能照搬他人的内容资源；内容的丰富性则强调信息的广泛和多元，要求品牌不能长期发布内容重复的单调性内容，而要有不断地变化、拓展和创新。

（二）以需求为媒介的连接

以需求为媒介的连接，是根据由消费者的生活方式、兴趣圈层、经济属性所生成的消费者画像，结合品牌自身定位与资源，生产满足用户个性化需求的内容，提升品牌与消费者的互动精度和连接效率，建立强有力的品牌黏性。需求连接相对于信息连接层次更高，也更为稳固。

品牌内容不仅局限于满足消费者对于商品和服务的需求，而是要包含消费者生理和心理上的多元需求。品牌内容既要在日常生活中帮助消费者满足基本的生理需求、安全需求，也要长期探索如何助力消费者实现社交需求、尊重需求和自我实现需求等高层次需求。最终养成消费者对于品牌的需求依赖，使品牌及品牌内容成为消费者生活中不可或缺的一部分，从而与消费者建立强有力的连接。

（三）以情感为媒介的连接

情感连接则是更高维的连接层次，能够把繁杂的信息和企业的内容资源变成可以和消费者进行沟通的语言并展开有效的对话，在对话中实现品牌和消费者的彼此了解，建立互相信赖、内涵深远的品牌关系，构建多节点、多中心的全面关系网络和更高层级的连接。

在连接力中，信息和需求连接是一种外在连接，而情感连接则是更深层次的内在连接、这种深层次连接的实现，需要在长时间的交流与互动中培养而形成。品牌只有坚持长期用心为消费者生产内容，以内容来向消费者传递真情实感，才能赢得消费者的情感回报、在日积月累中成功建立双向的情感连接。同时，情感连接在建立后需要维护保持，否则消费者对于品牌的情感会随着时间推移而淡化直至消失。品牌方需要通过内容与消费者进行长期且持续的情感交流，在与新用户发起对话的同时，也要定期与老用户沟通。

三、共情力策略

在内容营销的三大策略中，吸引力策略是内容营销发生作用的前提，连接力策略是产生连接、建立价值传递渠道的基础，而共情力策略则直接指向了内容营销的根本价值和结果实现。

共情是一种在人际互动过程中出现的心理状态。共情并非"同情"，也不能被简单地视为产生感情。共情是由人本主义心理学创始人卡尔·罗杰斯（Carl Rogers）提出的概念，他将共情定义为一种"能够感知和体验他人世界"的能力。共情包含了认知和情感两大要素，认知要素是认识对方观点并产生理解情绪的过程，情感要素则是基于认知基础上发生的与他人情感分享的状态。

在内容营销中，共情力策略是指通过内容引发品牌与消费者之间的共情，既能够在认知上与对方达成共识，又能在情感上与对方分享自己的真情实感并理解对方的感受。在高度共情的状态中，品牌方与消费者能够真正彼此理解、彼此认同、彼此尊重、彼此信赖，形成亲密无间的稳固关系，达成品牌方与消费者之间最理想的状态。这种状态的实现可以说是内容营销追求的终极目标。

加强共情力主要有以下三种方法。

（一）情感细分加深内容感染力

人类的情感是复杂而细腻的。心理学家保罗·艾克曼（Paul Ekman）与华莱士·V. 弗里森（Wallace V. Friesen）提出人类有六种基本情感，包括快乐、悲伤、恐惧、惊讶、愤怒和嫉妒。而这六种情感可以相互组合，派生出各种复合情绪，比如抑郁、压抑、兴奋等。除了基本情感外，人类还具有友情、爱情、爱国等高层次情感。

在内容创作中有针对性地融入某种具体且真实的情感，更容易击中消费者内心的情感触点，唤起共情。因而内容生产方需要对目标用户的情感发起深入探究并进行详细的情感区分，精准把握用户隐藏在内心深处的真实情感，将内容与目标用户鲜明清晰的情感需求相结合，设计出能够打动人心、产生共鸣、引导共情的优质内容，并引导用户在购买行为中实现情感的释放和精神的满足。

（二）参与互动分享情绪价值

在当下的数字环境中，共情有两种不同的方式：围观共情和参与共情。在围观共情中，用户扮演旁观者的角色，身处事件的外围而非中心，仅是因为受到事件波及而产生情感，这种共情是间接感受而非直接体验。在参与共情中，用户是事件的直接参与者，这种情感的产生是在直接的对话、交流与行动等互动形式中产生的，这种共情因其切身性和临场感而具备更加深刻和深远的情感体验、因而由用户参与和互动引发的共情成为内容营销更为追求的一种情感体验。

为了引发更为深刻的"参与共情"，品牌方需要通过内容引导用户与品牌进行互动，为情绪共享创造空间和条件，推动用户在互动中共享情绪并互相认可。在品牌与用户互动所引发的共情中，内容所承载的品牌理念与用户的个人思想之间实现了情绪上的共享与交流，有助于共情的发生。

（三）适配场景凸显共情效应

"情由境生""触景生情"，场景能够带来身临其境的沉浸式传播。场景中的"场"指物理意义上的所处空间，而"景"则强调物与物、人与物、人与人的交互和结合，包含了丰富的人物情感和情绪渲染能力，天然地具备鼓励认知同化和引导共情产生的优势条件。在营销过程中将内容与场景适配，能够更好地引发共情效应。

品牌方需要根据用户生活习惯所构建的基础场景来精准抓取其特定需求，创造并分发与用户日常生活行为习惯相贴合的内容；根据用户身处的空间场景来塑造适当的内容，为用户提供服务价值；根据用户的实时物理状态传播与消费者行为场景相契合的内容，提供个性化的信息服务；根据用户深层次的心理状态拉近与用户的心理距离，激发情感共鸣，提升品牌情感附加值。

第二章 社群经济时代自媒体平台营销策略

第一节 社群经济时代社群类型的构建

当下的自媒体已进入相对成熟的发展阶段，如何持续的运营下去已成为摆在所有自媒体面前的问题。马歇尔·麦克卢汉（Marshall McLuhan）曾预言，媒介的发展使人类社会经历"部落化""非部落化"后，将"重归部落化"，这个预言在如今逐渐演变成现实。社群化已成为人类的生存状态之一。本章分为产品型社群、知识型社群、品牌型社群三部分。主要内容包括：社群势能＝产品质量×连接系数、自媒体知识型社群概述、自媒体知识型社群建构的动因、自媒体知识型社群的运营、品牌型社群的概念、体验视角下的品牌社群等方面。

一、产品型社群

（一）产品型社群的提出

在工业时代和互联网时代，建立品牌社群经济确实会让厂家获得不少高忠诚度的粉丝。但是在移动互联网大行其道的今天，以强有力的产品为核心建立的产品型社群会更加适应当下的经济环境，主要有以下几点原因：

第一，如今商业竞争激烈，产品和品牌同质化严重，如果不能推出不断创新的产品，只追求品牌的建设的话，是很难在瞬息万变的竞争中继续生存的。所以像苹果、小米、腾讯等很多公司都开始注重产品的研发，为的就是提高用户的使用体验，使得用户乐于自发地形成产品社群，从而起到培养消费者黏性的目的。当品牌失去了强有力的产品作为支撑以后，纵然消费者对品牌的认同度再高、品牌社群再强大，他们也会去选择更好的、更加符合消费者需求的产品。这方面最典型的例子就是诺基亚公司。2006年第四季度，诺基亚的手机出货量为1.055亿部，全球市场份额高达35.2%；而到了2012年第一季度，出货量下降到了8 300万部，市场份额下降到了19.1%。诺基亚的智能手机在2008年以前确实独占鳌头，但是自从iPhone系列和Android系统出现以后，它们相对于诺基亚的塞班系统优势明显。然而，由于诺基亚忽视了产品的创新，在出现了用户体验更好的操作系统以后也没有及时作出改变，导致越来越多的用户转投其他产品。从品牌社群来看，诺基亚的品牌社群仍然存在，但主要是以怀旧为主，他们大多数也在用着其他公司的产品，这并不能给诺基亚带来任何利润。最终在2013年9月，微软以72亿美元的价格完成了对诺基亚手机部门的收购。

第二，高节奏的现代生活导致人们接受一个新事物的时间很有限，只会接受并主动了解那些很短时间内就能让他们有兴趣的、能找到用户痛点的产品。通常情况下，一个品牌的建立，需要经过很长时间的经营，包括建立价值观，树立品牌形象等。在商品更新换代速度越来越快的今天，这样做可能就延误了产品研发和上市的最佳时间。如果能将好的产品直接推向市场，得到了大众的关注并形成粉丝社群以后，消费者自然就会对产品背后的公司背景和文化产生兴趣，从而带来更多的经济效益。

于2010年4月成立的小米公司，品牌宣言是"为发烧而生"。"为发烧而生"是产品定义，而不是市场定义。即用发烧友的品质来要求产品，但做出来的产品要让所有的消费者尖叫。在智能手机竞争十分激烈的时代，小米选择了高配低价的方式做手机。在苹果iPhone系列动辄就四五千的售价面前，小米手机这一款产品能做到与iPhone系列相差无几的配置，但是价格却低了很多，这能迅速吸引大批消费者尤其是年轻消费者的注意力，而他们又是互联网上面的活跃分子，通过各种网络媒体的传播，迅速为这一款产品打开了知名度，从而也提升了产品背后的公司——小米公司的知名度。通过"让用户尖叫"的发烧产品，小米创业4年时间，做到年销售额280亿元人民币，公司估值已超过100亿美元，并且累积了大量的"米粉"，形成了很壮大的产品社群，创造了一个个的业界奇迹。

第三，对于新兴公司来说，将成本花费在产品研发上面的回报会比花在品牌宣传上面高。许多互联网企业刚刚成立之时，并没有很多用于宣传品牌方面的经费。有很多成功的互联网企业在成立初期都是专注做产品，让产品本身成为宣传媒介。经过一段时间的口碑积累和产品完善，就能顺利地形成社群经济，从而在商业上取得成功（卖出大量商品或者服务、获得融资等）。这里以"MYOTee脸萌"手机软件为例，这款软件可以让用户从海量的脸型、发型、五官等素材中自由搭配，生成漫画风格的头像并在社交网络分享。它在2013年底在手机软件市场发布，在2014年5月31日到6月2日短短4天时间里面，iOS和Android平台下载量就达到了119.3万次。然而，这款软件没有在媒体上做任何宣传，而是通过社交媒体及各大网站的报道和推荐让人们所熟悉。这款软件成功的背后是一个新成立不久的创业公司，整个团队是产品导向型的，公司到目前为止都没有一个运营人员。在软件上线以后，创始人每天都会召集团队一条一条读用户反馈，产品也保持一周一个版本迭代的速度。团队初期主要着力点还是做好产品，提升用户数和黏度。由于脸萌团队对于产品社群的坚持，使得脸萌软件能以很适合中国用户的画风创造出和用户相似却又很可爱的头像。在初期接触到产品的用户体会到了软件带来的方便和乐趣，通过微信、朋友圈、QQ等社交方式的分享形成了社群。形成社群以后，再推出虚拟商品、个性化礼品、品牌广告植入等服务就比较容易获得较丰厚的利润。

（二）产品型社群的建立

产品社群作为一种新型的经营模式，对于处在当下移动互联网时代商业环境的公司，尤其是新兴的公司来说是十分有效的。以产品为核心来建立产品社群对于培养核心消费者和吸引大量的关注者，不仅能通过延伸业务创造大量收益，也能在长期竞争中为企业带来优势。在实际经营过程中，可以从以下几方面着手建立一个成功的产品社群。

1. 努力寻找用户痛点，以此为突破口开发产品

如今商业竞争十分激烈，各个行业都趋于饱和。很多成功的企业都是从寻找用户的痛点出发来做产品。微信的出现及各个版本的更新都是为了解决人与人之间沟通的多样性和方便性的问题。墨迹天气的空气果可以实时检测空气

中的各种指标，正是抓住了最近几年空气环境不断恶化、人们越来越关心自己每天身边呼吸的空气是否干净的心态。运用互联网思维和颠覆式创新，开发出能让顾客耳目一新的产品，而这个产品不限于实体产品，也包括提供的各种服务。罗振宇的"逻辑思维"是一档知识性脱口秀类栏目，找到的用户痛点是年轻一代有求知欲但是却因为生活节奏快等原因没有时间读很多书，从而获得了大量粉丝。还以此产品为核心推出了一系列产品，比如线下活动、书籍、C2B定制等，在2013年年底进行的会员招募中，一天便轻松募集800万元。这个过程需要有敏锐的观察力和颠覆式的创新精神，需要反复论证和开发才能得到一个好的产品。

2. 积极从早期消费者那里获得反馈，建立沟通平台

这个过程是挖掘使用产品的核心消费者的关键过程。在用户接触到了产品以后，由于每个人的需求不同，外加产品本身在设计的时候一定会有很多没有想到的细节，一些核心消费者会主动提供一些很有价值的意见和建议。此时要建立起一个畅通的沟通平台，能让消费者的意见顺利地到达产品团队。消费者得知产品团队看到甚至接受了自己的意见并对产品作出改变时，觉得自我价值得到了体现和认同，就会找寻和自己有着同样追求的其他消费者，从而组成初期的社群。而这个社群又具有自我繁衍、自我扩张的能力，社群成员会通过社交网络和自媒体进行传播，甚至有些社群成员还是明星、名人，社群规模扩大的速度会更快。一个成功的产品社群建立甚至是不用花费任何宣传费用的，只要找准了定位和核心消费者，他们组成的初期社群会将产品通过各种方式传播出去并形成更大的社群，以此逐步形成了产品社群的主体。

3. 举行线上宣传和线下活动，使产品更加富有生命力

这里的宣传和活动有两个方面，一是产品初期的推广宣传，二是在产品社群初步形成并有一定规模的时候举行的，以巩固和扩大社群为目的的活动。在产品初期的宣传主要还是侧重于产品本身，产品为用户解决了什么问题或者与用户产生了哪些情感和价值共鸣，以挖掘初期的核心消费者。当产品社群有了一定规模之后，举办线下活动和线上宣传有利于巩固和进一步扩大社群规模，从而在长期竞争中取得优势地位。此时的活动可以加入产品背后的品牌故事甚

至是创始人的创业史等与品牌建设相关的内容,让消费者产生价值共鸣,提高社群成员的忠诚度和黏性,并自愿地向周围的潜在消费者为产品进行宣传,从而进一步扩大产品社群。

二、知识型社群

(一) 自媒体知识型社群概述

2003 年,谢恩·鲍曼(Shayne Bowman)和克里斯·威利斯(Chris Willis)将 We Media(自媒体)定义为是普通大众经由数字科技强化,与全球知识体系相连之后,理解与分享关于他们本身事实、新闻的途径。戴尔·帕斯金和安德鲁·纳金森在《崛起的媒体重构全球社会》中,将自媒体界定为"一种将超越机构对新闻和信息控制力的力量"。通过对"自媒体"文章进行分析,发现学界对于自媒体的定义大多来源于国外的报告和综述,近年来,我国自媒体也在逐渐发展,成为学者们研究的重点,但对于自媒体尚无统一的定义,大多还是以 2003 年谢恩·鲍曼和克里斯·威利斯的定义为主。国内有学者认为自媒体应该是信息传播者通过网络手段,以个人认识为内容选择标准,以个人语言偏好为基础,向人们进行的个性化信息传播。最初人们认为的自媒体大多是一个人单独运营的,伴随互联网的发展,自媒体的内涵与外延不断丰富和完善,组织化、团队化的自媒体逐渐兴起。罗振宇认为,自媒体所强调的应该是"人"的属性,自媒体提供的内容不以媒体机构的意志为转移,与规模无关。有学者认为自媒体是由一个人(或者非常有限的几个人)来运维的彰显出强烈个人风格特征的数字化媒体。他认为,"自媒体"的"自"代表着主观看法,与以往大众媒体一统天下的单向传播的局面形成了鲜明的对比。因此,综合上述观点,自媒体是包含独立个体运营,以及借由团队组织来运营两方面,生产内容具有与众不同的个人风格及特点,并且团队运营仍然是建立在个人品牌化的基础上,最终以营利为目的的个人或组织。移动互联网的迅速发展,使得人们对知识有了新的渴望和追求,碎片化的知识产品适应当前社会的发展。且"知识"不同于线上教育教授的知识,线上教育是通过严密教研体系,招聘和培训一批教师和教学管理人员,结合相关考试或教育科目对学生进行的知识的传授。"知识"双方要满足这样的条件,贡献知识的一方是基于自身的认知盈余、个人经验来生产、分享知识,并具有完全的知识体系,进而来营利的个人或组织;获取知识的一方是基于个人发展的需要,为满足个人提升自我、解决非考试类的知识需求。而知识型社群就是围绕上述定义的知识产品而建构和运营线上社群,有学者指出,知识社群是稳定的知识生产者凭借个人魅力和固定观念在相对固定的"粉丝"中构成的组织。根据速途研究院的调查结果,知识型虚拟社群已成为我国当今六大互联网社群之一,并呈现出不同的表现形式。主要包括基于自媒体的知识社群(如逻辑思维、十点读书社群)、基于知识型网络社区的知识社群(如知乎)和基于视频网站的知识社群(如网易公开课社群、"我要自学网"知识社群)。自媒体知识型社群一开始多由自媒体创办的微信公众号被人们熟知,随后为了进一步留存用户,意见领袖或者公司运营人员为社群的创建和发起者,负责整个社群的运营,他们会制定一系列规则保证社群的良好运营。同时基于盈利的目的,自媒体品牌会开展一些付费的课程及活动,持续性吸收付费的会员加入专属社群,满足用户更多需求,并且通过一系列方法努力实现自媒体品牌的长远发展。知识型社群的载体比较多元化,早期主要以微信公众号为载体,关注微信公众号的用户组成了社群。随着社交媒体的逐渐兴起,百度贴吧、微博、豆瓣等社交平台也逐渐兴起,作为社群的载体同时存在,用户通过社交平台互相交流知识产品相关动态,同时为了更好地聚集和管理用户,各个自媒体品牌还开设了微信群和QQ群作为社群载体,相关数据显示,虚拟社群中微信群所占比例为61.1%,QQ群为50%。如今使用知识产品的用户大多是成年人,使用微信更多,因此,微信群作为知识型社群的载体对用户进行初期的留存,QQ群更适合传送文件,方便知识内容的保存。同时由于自媒体品牌自身发展情况,到后期用户人数不断提升,会对用户进行分层处理,根据购买知识产品或者地域等分类方式分散到各个小的微信群和QQ群,方便自媒体管理及用户深度交流。到了后期自媒体品牌开设自己的App后,App也作为社群的载体而存在。知识型社群内部各位成员和意见领袖或运营人员处于平等的地位,受众可以在社群内生产新的知识供大家交流分享,因此能够进行良好的交流,有助于共同的价值观的形成,使受众对社群产生依赖。同时，社群还会根据知识付费用户的居住地来安排一些线下的活动，线上线下"双管齐下"，增强社群内部的交流，提高凝聚力。

（二）自媒体知识型社群的建构

先构建一个良好的社群，才能使社群良好运营。良好的社群需要自媒体社群运营者采用合适的方式进行建构，鉴于知识型社群的特征及属性，拟从打造品牌、细分用户、建构社群文化三个方面来探讨自媒体知识型社群的建构。

1. 打造知识品牌，吸引用户

菲利普·科特勒认为，品牌是一个名字、名词、符号或设计，或者是上述的总和。其目的是要使自己的产品和服务有别于其他竞争者。品牌是商品对外的第一印象，同时还能体现品牌背后的价值和意义。因此，打造品牌是第一步，品牌是名片，形成品牌才能吸引更多用户。自媒体在构建知识社群时也应当把品牌"打响"，依靠品牌将自媒体的价值理念及目标追求等各方面联系在一起，使其具有内在延续性，以便更好地开展后续进程。

（1）品牌定位突出知识型社群特色

斯科特·戴维斯认为，品牌定位的实质是指品牌在消费者心目中的地位，当消费者联想到品牌时，我们期望他能想到利益和价值。因此，制定清晰、有特色的品牌定位，能使用户在最短的时间内从知识洪流中找到自己所需的自媒体品牌，节省用户的时间成本，形成初期的用户积累。同时，品牌应"接地气"，注重建立与用户的关系，品牌人格化理论认为，一个真正的品牌就像一个人一样，有自己独特的形象和内涵。自媒体塑造的品牌形象应具有人格化的特征。知识型自媒体应该采用与别家有差异的形式来进行品牌定位，树立与众不同的形象，吸引目标用户。譬如"逻辑思维"当时的品牌定位是自由人自由联合的知识社群，定位的关键点在"自由"和"知识"，并且其秉持"有种、有趣、有料"的价值观念。与"逻辑思维"初期的产品密切相关，"逻辑思维"初期的脱口秀就是主打"知识性视频脱口秀"，并且"逻辑思维"公众号的内容也是综合性知识，在符合品牌调性的情况下，"自由"地输出内容与价值观。"吴晓波频道"的品牌定位是为知识分子提供财经类知识产品，定位相对专业化，拒绝"屌丝文化"等，同时强调商业文明对于中国未来的重要性。"影响三亿国人养成全民阅读的习惯"是"帆书"（原樊登读书）的品牌价值观，并且其定位聚焦读书学习类，是专业化的知识型社群。同时，自媒体可以通过塑造领导者本人的个人魅力来完善品牌形象，同时承担品牌价值与文化，通过人格魅力吸引用户，正如爱德华·桑戴克（Edward Lee Thorndike）提出的"晕轮效应"，当用户对意见领袖本人产生好或坏的印象，他还容易对他周围的事物也产生同一印象，就如同用户对意见领袖所在的自媒体也"爱屋及乌"。比如"逻辑思维"为罗振宇本人打造出有趣、亲切、有人文精神的形象，使节目更加有看点。总之，自媒体应该努力为品牌定位，使其在用户心中占有独特的地位，吸引用户进一步加入社群来感受其产品和文化的魅力。

（2）提供用户所需的知识

自媒体以生产内容来吸引读者，打造自媒体品牌首先要有足够有价值、有态度的内容，并且需要持续地产出满足用户的需求，才能够通过内容留住一些用户，进而使用户有兴趣加入社群，成为"铁粉"。而自媒体知识型社群则要提供给用户需要的知识，才能让当今存在"知识焦虑"困扰的用户加入社群。如"吴晓波频道"是基于财经类的垂直细分知识类自媒体，吴晓波本人认为对于他这样专业性强的自媒体来说，在财经类知识的提供上不能过于接地气，应该保有一定的精英的语言体系，财经领域是一个专家领域，应注意专业表达，能不能让80后、90后接受。因此"吴晓波频道"的节目以自身精英化语言风格为主，并结合"接地气"的语言。比如他的公众号中以"巴九灵"式通俗地写文章，围绕80、90后中产阶级感兴趣的理财、创业、经济形势分析等议题来生产内容。并且他在"吴晓波频道"的微信公众号开设多个栏目持续化生产内容，保持持续优质内容的输出，吸引用户，曾收获多个"10万+"文章。除了自己所写的文章的版块，还有一些固定的版块，如对每天的财经新闻和股市进行点评的"财经日日评"版块；讲解楼市最新动向的"房产周周评"版块；向大家推荐书籍的"同读一本书"版块；推荐衣食住行相关优质商品的"百匠优选"版块。并且"吴晓波频道"并不是以一成不变的版块死板地输出知识，而是会根据实际情况及用户的需求有所变化，灵活调整版块的内容。

（3）知识品牌入驻合适的平台

如今自媒体竞争十分激烈，各种媒介层出不穷，正如麦克卢汉所指出的，每一项媒介技术的产生，都深刻地影响着人们感知世界的方式、改变着人与人之间的社会关系，创造出新的社会行为类型。运用各种平台进行品牌产品的投放显得尤为重要。品牌在初期建设时需要尽量采用多种方式和渠道来宣传，吸引更多用户，才能使其逐渐成为社群成员。知识型自媒体在建设品牌时大多是先产生视频节目，再开设微信公众号来宣传节目，同时输出更多知识，进而实现一定的盈利后，再同时开设自己的App，进行一些课程的推送和知识型产品的集聚。比如在初期，"逻辑思维""吴晓波频道"和"看理想"都是先有的视频节目。要先分析视频节目投放的视频平台，选择合适的平台能使好内容更好地输出，要把视频节目尽可能投放到用户聚集的大平台，或者投放到越多平台越好。并且可以选择音频的形式投放到音频软件上，适合喜欢听音频的用户。同时应该在社交平台进行宣传推广，以便内容更广泛地抵达用户。后续开通微信公众号来宣传节目，弥补节目因程式化而忽略的间隔，也开始生产适用于公众号的内容，吸引更多用户关注。"逻辑思维"在初期刚创办节目的时候就是主要靠优酷视频，并且同时在豆瓣、微博进行宣传，粉丝不多的时候还会经常回复粉丝的评论，后来开始逐渐开通微信公众号，建设各个微信群、QQ群，建设"逻辑思维"的社群，并且创建"得到"App，有了自己的平台。并且各个平台应该互相配合，一步步实现品牌宣传，比如"看理想"在视频节目会附上微信公众号的二维码，微信公众号也同时对视频进行宣传，并附有完整节目的链接。"帆书"是最早通过微信公众号生产内容的，在公众号做到有一定粉丝量和阅读量后，配合各种社交平台进行宣传，多渠道提高品牌知名度，而后推出自己的"帆书"App，投放体系化的内容，并推出企业版App"一书一课"作为"帆书"社群专享版，内容主要向企业老板、职业进阶等方面，用户主要针对企业主、创业者，以及想要有职场提升需求的用户。并且，"帆书"注重线下渠道的扩展，通过在基层开办线下书店让偏远山区的人们也能够了解并使用"帆书"，有机会发展成为社群用户。2019年，"帆书"已经在抖音上拥有几百个矩阵账号，粉丝超过1亿。抖音的成功入驻，为"帆书"社群引来大量新用户。并且，不只是在抖音，快手、爱奇艺等平台，"帆书"也都有入驻。

2. 重视用户，构建知识分享型的社群关系

移动互联网时代是"全民狂欢"的时代，是受众被赋予更多权利的时代，受众地位不断提高，任何传播活动应该从"以生产者为导向"转向"以用户为导向"。自媒体领域知识型社群是由每个用户组成的，在构建社群时候更应该注重用户，寻找目标用户，引导用户之间交流知识、分享知识，将每个用户真正联系在一起，构建和谐的社群关系。

（1）筛选用户，寻找符合知识品牌调性的用户群

凯文·凯利（Kevin Kelly）曾在《技术元素》一书中提出著名的"1 000个铁杆粉丝"理论：创作者，如音乐家、艺术家、摄影师等，只需要拥有1 000名铁杆粉丝便能够糊口，不管创作者产出什么样的作品他们都会付费购买。而知识型的自媒体也是一直在创作内容，作为创作者，寻找1 000个铁杆粉丝是其在初期建设时的重要目标。知识型自媒体应该主动筛选用户，寻找符合自身品牌调性的核心的用户群。正如"吴晓波频道"致力于寻找"新中产阶级"用户，学者缑伟涛提出，国内中产阶级的消费观呈现奢侈、超前和区隔性的特征。其中，区隔性消费是指中产阶级希望通过消费来实现与同等阶层人的区分。因此，吴晓波鉴于"中产阶级"强大的消费潜力，为该群体提供不同于其他群体的财经知识服务，并且，他认为"中产阶级"崇尚商业之美，调性符合"吴晓波频道"的品牌定位。"吴晓波频道"的"中产阶级"受众指的是创业家、企业家，以及其他对财经知识感兴趣的职场白领，属于"新中产阶层"，他认为"新中产阶层"是一群有一定资产、期望通过公众和财产的双重收入来增加资产，愿意花钱买好品质的物质及精神体验，具有独立思想的群体。有学者认为中产阶层中的用户群体间，在经济收入水平、教育程度、社会地位等方面都存在较大的差异性。根据社交网络的"150定律"，人类智力决定着人类拥有稳定社交网络的上线人数约150人，而深入交往人数更少，为20人左右。因此，深度关系的建立需要控制相应人数。如"帆书"对于用户的定位是以青年中产阶级为主，也同样为求学阶段的学生群体和有读书需求的老年人群体提供知识服务，目的是"帮助那些没有时间读书、不知道读哪些书和读书效率低的

人群每年吸收 50 本书的精华内容",并且,"帆书"更加强调成长路上的陪伴者这个定位。因此,与"吴晓波频道"强调的"中产阶级"不同,其实"帆书"的实际用户群体要略低于中产阶级,而是感到知识焦虑,渴望通过读书弥补并获得更多知识,从而对生活有所帮助,在努力向中产阶级迈进的群体。同时,"帆书"致力于挖掘潜在用户,努力将其发展为社群成员。

"逻辑思维"的目标用户是相信"逻辑思维"的品质、认同"逻辑思维"的内容和运作方式,并期待其变得更好、更成功的人。"逻辑思维"在招募会员时采取分批的方式,并且在拥有 66 000 名会员时不再招募新的会员,全部已有会员转为终身制,保证了会员的服务质量。并且 66 000 名会员中还有核心中的核心,从"逻辑思维"诞生时就陪伴他一起成长的"铁杆会员",这些会员对自媒体品牌的发展和推广有不可磨灭的作用,是最稳定的用户群体,剩下的 66 000 名会员中的会员是普通会员,在最稳定会员和流动用户之间,具有一定的社群归属感和品牌忠诚度,对社群的发展同样有重要的作用。

(2) 制定知识型社群管理规则,激活初级用户

知识型自媒体通过吸引用户建设社群,但社群成员众多,保障大多数人自由的前提是先要对个体的自由进行约束。因此,需要在社群建构时制定相应的管理规则,才能变无序为有序,保证社群稳定地运行。并且需要将用户分类管理,尽可能激活更多的社群初级用户发展为"铁粉",保证每个社群成员都能在社群内高效获取知识,达成良性互动,加入社群后获得利益最大化。"得到"App 有着相对成熟的用户使用协议,用户加入"得到"之前需要阅读并同意协议,具体有个人隐私、知识产权等方面,这些协议对社群成员的权益作出了保障。同时,用户在发表观点时候也要遵从规定,不能违反规定,避免了一些版权纠纷。"吴晓波频道"社群也具有一定的社群规范和细分化管理,且进社群时需学习并同意"罗伯特议事规则",因此"吴晓波频道"社群具有较为规范的内部管理。比如书友会如金字塔层层管理,金字塔第一层是总部,每个城市开展活动都要获得总部的许可;下一层是各个城市书友会的班长,是可以由社群成员自荐和推荐产生的,然后要上报总部,经总部批准的;第三层是小组长,负责一些具体的事情;最后一层是其他社群成员。要开展地方书友会活

动的话，总部的运营人员会和班长进行沟通，并且对书友会的活动进行支持，成员成立小群体进行沟通也得向班长进行汇报。这样各司其职、严密的组织结构能够使社群活动开展得更加高效和有序。同时书友会内部不允许谈论政治和宗教等，对社群成员的言行也有一定的约束。用户申请加入"书友会"首先要加入地方书友会的官方QQ群，并且按照QQ群的要求参与线下的书友会活动，然后就可以申请加入地方书友会的微信群，等待审核通过后，要先学习"罗布特议事规则"并通过考核，才能成为书友会的正式成员。我国的社会学家费孝通提出了"差序格局"一词，具体是指根据与中心的亲疏远近，就像水面上的涟漪一样一层层的群体关系。因为社群内的用户与自媒体的关系也有远有近，因此同样存在"差序格局"。针对社群中的各类用户，也应该使用不同的管理方式，以发展为能对社群有所贡献的"真爱粉"为目的，努力将普通的社群成员转为"真爱粉"，号召越来越多的社群成员成为忠实用户。知识型社群应该注重初级用户的留存，致力于培养他们学习知识的习惯，采取适当激励型的管理方式，构建浓厚的学习知识的氛围。比如"得到"App每个人的个人界面会显示学习的时长、连续学习几天、写了多少笔记，并且有各类的勋章、证书和学分，鼓励用户深度学习，成为忠实用户。

（3）构建细分社群，方便用户交流学习

依托于现在发达的信息技术，用户通过互联网就能实现社群日常的互动，比如通过微信公众号点赞、转发和评论，参与微信群、QQ群内的沟通交流，观看知识型自媒体的节目并进行弹幕互动等，都是通过线上进行的社群交流，需要社群的运营者进行合理的安排和管理，保证用户交流的顺畅。并且，基于知识型社群的发展和用户的需求，构建分层次的小群成为满足多方利益的方式。"帆书"专门为了亲子教育成立了亲子社群，推送亲子类读书的同时还号召各位家长正视现有的教育体系，给予孩子尊重与信任，不只是用简单的标准来衡量自己的孩子。"帆书"为了解决单身社群成员的终身大事，还成立了单身群，入群会通过小程序填写基本资料，书友可以查看其他人的资料，并且查看与自己所在地的距离，有意愿互相认识的书友，可以互相留言。知识型社群还可以引导用户根据自身需求自行创建社群交流，自组织不是个体的简单叠加，而是通过个体之间的非线性交互，产生协同效应，使自组织整体上涌现出新的特征和功能，即群体智慧的产生，这种特征也被称为自组织的"自创生性"。就像"逻辑思维"好多非官方群都是用户自发组织、自发创造的。比如"逻辑思维"用户在线上通过QQ群和微信群创建各种非官方的群进行交流，用户还按照地域划分创建各种"罗友群"，都是以爱智求真、交流学习为目的，方便用户私下分享交流学习知识的感悟，以及开展深度的交流。比如"逻辑思维泰安粉丝团""逻辑思维湖北社群"等，依靠主群和分群在线上积极进行知识分享和互动交流。并且"逻辑思维"曾经推出"会来事"活动，即"会员，来信，有事"，发动社群内成员互相帮助、解决学习知识过程中的疑惑，"逻辑思维"的会员可以向社群内的"罗友"求助，互相解决问题。

3. 建构知识型社群文化，传达共同价值

社群文化是一个社群灵魂的体现，需要知识型社群在初期结合自媒体品牌自身的价值观进行建构，社群文化逐渐扩散，价值延伸到外界，成为自媒体品牌的一个标志，新的用户进来后会逐渐被社群文化影响，并遵从社群文化，认同社群价值。并且社群文化也需要根据社群成员参与交流和知识分享的情况不断完善，塑造更加符合社群成员价值观的社群文化。

（1）传达共同价值理念

每个社群的用户组成各不相同，社群成员的价值需求也不同，而价值理念是社群文化的核心，用户倾向于和自己价值观相同的人交流并建立持久关系。自媒体品牌应注重塑造社群共同的价值观，应该在社群建设初期开始，逐渐了解社群用户，传达与用户匹配的价值理念，消解各种用户在思想、文化等方面上的差距，培养用户的共同意识。由内而外地传播良好的价值观吸引用户加入社群，有利于加强社群用户的身份认同感，留存住用户。形成价值认同是社群活动开展的关键。自媒体知识型社群大多有自己鲜明的价值观，"逻辑思维"不仅以"有种、有趣、有料"为价值追求，体现了有胆识、轻松有趣，内容有价值的社群价值，并且鼓励社群成员进行独立、理性的思考，追求自由主义，与当今年轻人的价值观有共鸣，易于建立文化和价值观的共享。"吴晓波频道"的社群文化，体现在"认可商业之美，崇尚自我奋斗，乐意奉献共享，拒绝属丝文化"，甚至成为"吴晓波频道"的标签。建立价值标签能够迅速向用户传达出社群的价值理念，吸引相同观念的用户。"帆书"社群运营成员除了自己的产品，还会分享名人名言及相关知识的科普，号召社群成员一起学习交流，在社群内实现知识的共享，为社群营造良好的学习氛围，培养社群成员形成爱读书、爱思考的共同意识。在自媒体知识型社群中，用户因为对知识有需求而聚集在社群中，社群成员在社群中不断输出自身的观点，传递自己的价值观，同时还吸收其他成员的观点和价值观，在不断交流中对社群产生情感依附和归属感，并达成一致的观点，让社群从简单的技术层面的连接升级到文化层面的情感共振及价值认同。

（2）塑造知识型社群文化

仪式不是指古老的宗教、祭祀之类的，现在移动互联网技术发达，人们仍然需要仪式感，学习知识同样需要仪式感，在知识型社群中需要通过仪式和惯例强化整体意识。仪式的功能在于保持聚集体的相对稳定，强化每个成员个体从属于整体的意识，使个人怀揣内在的信念。现代用户在进入社群后，通过亲身感受和不断重复社群的仪式和惯例，使社群的凝聚力不断增强，使用户深刻地感受并理解社群文化，并且自发地扩散社群文化，提高自媒体品牌声誉。语言符号其实也是仪式和惯例的一种体现。比如"得到"App中"逻辑思维"节目版块的口号是"和你一起终身学习"。用户在"得到"App中打开"逻辑思维"节目的界面，并且看到这句口号的时候，用户就进入了"逻辑思维"营造的仪式，每次开启这档节目，就会感受到一种仪式感。并且，"得到"App的开始界面也从"与你一起终身学习"演变为"向终身学习者致敬"，如今是"知识就在得到"。打开App的界面进入社群也是一种仪式，与社群文化匹配的开屏宣传语能够使用户第一时间感受到社群文化，每天重复开屏使用户对此感受更加深刻。詹姆斯·凯瑞（James W Carey）提出"传播的仪式观"，将传播视作一场"神圣典礼"，强调传播在"分享""参与""联合""团体""拥有共同信仰"等层面上的意义。"逻辑思维"保持着固定的传播仪式作为社群文化，强化用户与自媒体品牌之间的联系，比如"逻辑思维"微信公众号每天早上七点左右会准时推送一条语音和一篇文章，一分钟左右的语音是由罗振宇本人录制的，内容是关于一些自己想分享的看法，以及回复用户之前的问题。这件事一直坚持下来，意义已经超出传播内容本身，具有一种仪式感，每天早上听自媒体品牌创建者语音已经成为"罗友"们的共同仪式和惯例。同时，加入"逻辑思维"社群需要付会员费，能够获得具有仪式感的世界独有一个编号的徽章，每位社群成员都有独一无二编号的专属徽章，是团体意识和社群文化的象征。知识型社群与读书息息相关，自媒体品牌可以通过定时定点开展线下读书类活动，建构符合知识型社群的定位的社群文化。比如"吴晓波频道"遍及全国的书友会，经常开展读书活动，在线下，用户碎片化的知识获取演变为每周、每月相对系统的知识交流。"十点读书"也在全国许多城市有读书活动，每个月至少两次线下活动，采取读书分享、名人讲座等形式，引导社群成员响应"全民阅读"的号召，将读书会塑造成为社群文化的一部分。"帆书"也经常开展线下读书会活动，"帆书"每个城市的会员都可以申请在地方设立分会，地方分会也成了承载会员线下活动的重要组织。

（3）创造"媒介事件"分享知识

《媒介事件》一书中将媒介事件定义为大众传播的"盛大节日"，可被称为"电视仪式"或"节日电视"甚至"文化表演"。知识型社群在某种程度上塑造出类似的自媒体领域的"媒介事件"，是社群成员十分向往的集体事件，同样作为社群文化的一部分，丰富了社群文化。就像"逻辑思维"和"吴晓波频道"的每年年末都举办的年终秀，是具有仪式感的知识分享活动，逐渐演化成社群成员引以为傲的"媒介事件"，能够使社群成员深刻铭记，形成品牌文化的认同感，并成为社群文化的一部分。"逻辑思维"的年终秀《时间的朋友》在每年最后一天晚上举办，"吴晓波频道"的"预见"系列年终秀也是每年年底或者第二年初举办，每年重复这样的仪式，每年活动上吴晓波会总结过去一年的经济情况，并对未来进行预测，每年还会回顾去年的预测是否正确，同时中间还有大咖分享、社群颁奖等互动的环节，每年年终秀的票价也很高，去不了的用户可以选择观看直播。这是"吴晓波频道"每年不可缺少的仪式，它让自媒体品牌影响力传播实现裂变，也是社群成员的"狂欢"，是社群文化的体现。

三、品牌型社群

（一）品牌型社群的概念

1. 品牌社群的相关概念界定

品牌社群是从 2001 年才开始兴起的概念，类似的概念可以追溯到 1974 年美国史学家丹尼尔·布尔斯廷（Daniel J. Boorstin）提出的"消费社群"概念，指的是消费者在消费某一品牌的过程中自发形成的一种关系群体。除此之外，在互联网普及前，福特汽车和苹果公司通过会员俱乐部等营销方式与消费者产生持续联系，这种营销实践成了品牌社群的最早雏形。阿尔伯特·穆尼兹（Albert Muniz）和托马斯·奥奎因（Thomas O'Quinn）首次提出了品牌社群的观点，品牌社群被定义为"一个专业的，不受地理限制的社区，它基于品牌爱好者之间的结构化社会关系集合"。但亚历山大·麦昆等人认为也可能在社会地理上集中，传统品牌社群就是在空间地理上发展起来的。移动互联网的普及使得社群展现出了新的形式，而在线品牌社群就是在虚拟社区与传统品牌社群的基础上形成的。由于在线品牌社群出现的时间较晚，因此关于在线品牌社群的研究还处于探索阶段。目前国内外学者对品牌社群的定义由于研究视角的差异，并未形成一致性结论，如表 2-1 所示。学者们从社群本质、参与过程、参与结果、参与主体、技术介入等方面进行了对在线品牌社群的概念阐述。

表 2-1　在线品牌社群的概念界定讨论

研究视角	代表作者	代表观点
社群本质	金立印	在线品牌社群是传统品牌社群的另一种形式
参与主体	刘新	企业、品牌爱好者或第三方发起，由欣赏、喜爱同一品牌的成员通过网络媒介进行以品牌为主题的持续性社会互动形成的社会关系群体
参与过程	斯豪腾等	成员们会在社群内分享其对特定品牌的兴趣、交换信息和知识，又或是为了表达他们对品牌的热情
参与结果	李朝辉	品牌爱好者通过社群互动进行价值创造
技术介入	德瓦拉克等	发生在虚拟空间，社群成员以网络为媒介进行互动

综合现有学者的观点，对品牌社群作一个概念界定：由官方（企业）或非

官方（消费者及第三方机构）发起的，通过移动互联网的多种沟通渠道与交流平台以及线下品牌专卖店、品牌活动等，以某一个特定的品牌（品牌、产品、服务）为中心的，由对某一品牌爱好、感兴趣的群体进行持续性互动而形成的社会关系网络集合。笔者也尝试将社群与品牌社群的关系进行了梳理。

品牌社群的三个核心组成部分包括共享的群体意识、共同的仪式与传统，以及道德责任感。

（1）共享的群体意识表明社群成员之间彼此的因品牌而形成的紧密联系与共鸣，并与品牌社群之外的人形成差异。成员即使在未见面的情况下，也会在某种程度上感受到"彼此了解"。社群成员能够感知到与其他品牌社群成员的区别。

（2）共同的仪式与传统代表着至关重要的社群发展过程，社群成员和企业一起维护和传播品牌社群共同的历史、文化和意识。通过节日活动、发布会、同城见面会等形式来分享品牌故事。

（3）道德责任感，是对整个社群及其社群成员的责任和义务，具体表现为帮助社群成员解决问题、分享见解、监督品牌行为等。

2. 品牌社群中的互动仪式链

互动仪式链理论是由美国社会学家兰德尔·柯林斯（Randall Collins）最早提出的。柯林斯认为微观现象是宏观现象的基础，微观过程构成了宏观过程。因而该理论更加侧重对微观层面的研究。互动仪式链是从情境出发，指的不是某个人的机遇，而是群体的社会关联网络。身处在此网络情境的每个人，他们的行为（包括言谈举止、所思所想、看待事物的态度等）会随着情境变化而变化，慢慢累积就形成了看待事物的一切看法。

互动仪式的过程包含四个组成要素：

（1）两个或两个以上的人聚集在同一场所

（2）对局外人设定了界限

（3）人们将注意力集中在共同的对象或活动上

（4）人们分析共同的情绪或情感体验

互动仪式开始前，一群人可能由于某种原因聚集，彼此陌生，并没有紧密的关系。日常的互动会使他们产生情感连接，但这种情感具有即时性、表象性，是非常浅的层次。随着时间的推移，互动频率和互动次数的日益频繁，他们之间的情感连接会更加紧密，更能够理解彼此的想法、感受。这时候彼此之间的情感连接是累加的，因此会更加强烈地感受到情感的共鸣，群体氛围会更加深厚。

短暂的即刻互动过程形成了长期累积的互动仪式。这种长期累积的结果形成了互动仪式的四个主要结果：

（1）群体团结，会拥有一种成员的身份归属感

（2）个体的情感能量，一种在参与互动时的积极、热情、自信的感觉

（3）代表群体的符号，使成员感到自己与群体相关

（4）道德感，避免受到背叛者的侵害

因此，群体围绕某一种事物进行的关注讨论，使得群体成员对彼此和群体产生了一定的情感依赖。这种共创共享的情感是互动链条形成的纽带。互动仪式越积极，互动所创造的情感就越多越稳固。

品牌社群的仪式链则是依托网络技术与物理环境使社群成员产生共在感，品牌认同构建身份属性，品牌鲜明的文化符号，如品牌文化、品牌理念、品牌服务、品牌产品等就成为成员之间彼此关注的焦点。短暂的情感刺激，即社群成员之间的单次互动，形成短暂的体验，随后通过成员彼此之间反复的共在互动，形成一种不断累积的长期体验和更加明确的共同体验。

互动仪式的结果也很好地保障了品牌社群发展的稳定性。使消费者与品牌的关系，从"你""我""他"走向"我们"。

（二）新零售背景下品牌社群体验设计策略

1. 驱动体验阶段设计策略

（1）简单清晰的品牌社群参与引导

正如绝大部分产品在上线时，都会进行新手引导，其目的就是提示用户如何进行操作、降低用户的学习成本、帮助用户快速上手。同样的，企业在创建品牌社群时，也应该考虑到如何引导新手社群成员参与到品牌社群的互动中去。对于品牌社群的参与引导主要体现在两个环节上，一是新手教学式视频引

导，这种引导方式可以结合品牌社群的不同参与情境，分门别类地引导社群成员一步一步地进行操作，通过模拟真实的操作情况，鼓励消费者参与其中，边学边用。用这种方式使新手成员快速沉浸其中，短时间内感知社群参与步骤及参与行为。因为有及时的操作反馈，新手成员内能够获得强烈的成就感，这种成就感会调动成员的参与积极性。另一种引导方式则是在新的功能与服务迭代时引导社群成员对新功能的理解，这时就要尽量做到克制。在社群平台功能做到自解释的基础上，应该依据用户行为操作的上下层语义，根据用户行为预判可能遇到的问题及需要尝试的新功能点，及时给予提示。因为很多时候用户在没有感知到这个功能和自己当前目标有关联之前是不会主动在设置中查看新功能引导，所以找准消费者行为参与的锚点，把握引导出现的时机非常重要。

（2）基于消费者社群成长画像的精准信息推荐

建立多元的、动态的、标签化的消费者社群模型。社群成员的画像以大量的社群互动及参与行为数据为基础，通过各种维度和途径对社群成员的特征属性进行解析，以标签化的合集对消费者社群形象进行数学建模。随着消费人群的多元发展，越来越多的消费者开始追求更深入、更有趣的生活方式，更自由地去构建自己的品牌社群角色。品牌必须意识到今天的消费者已经无法用一种标签去描述。虚拟经济与实体经济相结合为品牌带来了新的机遇，数据化的资源比以往任何时候都要更有价值，新技术让量化消费者行为路径成为可能。

伴随社群经济的崛起和发展，社群媒介平台沉淀了大量的用户数据，这些数据包括消费者性别、年龄、所在城市等身份信息，也包括品牌消费的次数、商品浏览的偏好、购买渠道偏好、品牌喜好侧重、兴趣偏好等维度的行为偏好信息，还包括信息发布、关注、评论、点赞、收藏等社会化关系信息。这些信息成了品牌与消费者共用的资源池。

在消费者驱动体验阶段初期，品牌社群平台能够收集到的用户数据是稀少的，没有足够的识别码来联通不同数据源的数据，对用户的认识也会有很大的偏差，只能实现相对个性化的千人千面，并不能完全做到"精准化"。首先，品牌社群的自建平台则可以设置一些用户反馈的渠道，跟进与社群成员紧密接触，主要目的是主动收集社群成员的反馈，调动社群成员参与的积极性，然后将收集到的反馈数据归集到原来的用户数据库中，通过多次分析，对消费者标签进行调整。其次，可以通过数据监测，把握社群成员的产品使用数据，基于对数据的有效分析可以逐渐形成社群成员标签的迭代，帮助品牌社群平台重新调整信息内容推荐设计策略，进行更精准的二次推荐，至此形成"社群成员接触—数据反馈收集—标签更新—再推荐"的闭环。

2. 连接体验阶段设计策略

（1）减少控制性干预增加支持性服务

在品牌社群管理中，企业的过度控制已成为常态。品牌社群的管理者往往将公司利益置于客户利益之上。但品牌社群不只是公司资产，过度的社群商业信息推荐反而造成消费者的心理排斥与反感，更不利于品牌价值观的有效传递，结果往往适得其反。但是放弃控制并不意味着放弃责任。有效的品牌管理者会以社群创造者的身份参与，通过营造可以蓬勃发展的环境来培育和促进品牌社群的建设。

同时，开放性的创新环境是一把双刃剑。尽管品牌社群已经有相对完善的社群规则，平台仍需要进行大量审核来稳定整个社群参与的局面。企业在品牌社群的参与中，需要谨慎地使用官方或者品牌身份，代表品牌发言时，需要以非正式、适度口语化、人性化的语言参与到品牌社群的消费者互动中，建立与社群成员更加平等自由的沟通氛围。

新媒体发展的良好环境，对品牌社群的构建来说提供了有力的平台支持。但企业的后期投入及支持也显得十分重要。不仅包括运营人员的投入、资金的投入，而且还包括技术的投入。通过专业的设计团队对社群平台的建设不断迭代，社群成员的参与体验才能够与社群成员的参与需求相匹配，消费者在品牌社群的体验感知才会更加完善。社群成员之间的价值共创及社群建设的参与才会更加积极。

（2）鼓励消费者的真实表达

社会化网络的发展和移动终端的普及大大促进了消费者的自我表达意愿，降低了发言门槛。同时，通过社交网络分享自己的日常想法、状态的人越来越多。吃饭前很多人会拍照并随时分享到网络上，这基本上成了当下的常见行为。消费者的丰富表达其实已经形成了消费者的第二生活空间，这也是消费者的真实生活的一部分，只不过消费者的这部分的生活在没有社会化的时代无人或者只有很少的人知晓。消费者的丰富表达为品牌商了解消费者的真实想法提供了很好的机会。这种表达能够让品牌快速捕捉到消费者的潜在需求。在大众媒体主导的时代，通过问卷进行调研是了解消费者的最主要途径。

消费者真实的表达会产生许多有利于品牌建设的想法，通过这些真实的想法，不仅可以促进消费者之间的交流，还会给品牌留下生动的品牌故事。开放式创新的真正价值在于能够鼓励客户就产品或服务分享不同的观点。虽然可以通过特定的渠道收集到问题，但是获得社群成员广泛的意见仍然是最好的方式。

只有通过积极地鼓励和奖励各种观点和价值观，才能够释放消费者的创新潜力，从而取得更加丰硕的成果。品牌社群的发展重心应该从提升消费者对品牌的印象转移到鼓励消费者自发表达他对品牌的理解。

培养有价值的意见领袖对于品牌社群建设也是非常重要的。最早提出意见领袖这个词的是社会学教授保罗·拉扎斯菲尔德（Paul F.Lazarsfeld），它是指在人际传播中处于优势地位能够影响他人意见的人。研究表示，意见领袖带来的口碑营销和社群影响力可以创造比传统付费广告多出近两倍的销售，同时多出35％的顾客保留率。社群之中的意见领袖是指在人际传播网络中经常为他人提供信息，同时对他人施加影响的"活跃分子"。他们在大众传播效果的形成过程中起着重要的中介或过滤的作用，由他们将信息扩散给受众，形成信息的传播。作为品牌社群的意见领袖，站在第三方的角度去输出内容，有利于提升社群的活跃度。

3. 共建体验阶段设计策略

（1）聚合碎片化社群形成联动社群网络

消费者不再只是单纯被动地接收品牌功能性信息，而会主动搜寻、获取、交换品牌相关信息，从而感知到各种体验。这说明品牌应该重视构建起品牌自己的平台社群体系，不仅要为消费者提供互动交流的场所，而且也为自己实现品牌资源的汇聚形成有效的闭合。

因此品牌不能够仅仅关注或运营一种社群平台。从平台设计特性的结果可以得知，社交媒介型平台中，微博、抖音等平台更适合吸引驱动参与阶段的消费者，聚合新的社群成员，通过即时性热门话题带动成员的参与性，抓住社群成员的碎片化时间；微信公众号则更适合一对一的精准服务，为消费者提供更贴合的售后服务与精华内容推送；QQ群和微信群等则在小圈子信息传播、信息反馈、成员社交关系维护等方面具有更加明显的优势，更适合与社群成员建立起短期连接关系。社区型平台如论坛、贴吧、品牌社群自建平台等可通过多种内容进行丰富的富媒体呈现，社群内容和资源更容易获得沉淀，营造出更加真实有效的沟通场所，聚集有参与经验的社群成员。在这一互动空间内，成员可围绕其消费体验，进行资源的分享，进而加强互相之间的关系和情感认同，共同创造价值，提供更高的参与和投入，因此这些平台适合建立品牌与消费者之间的长期共建的深度关系。

除了建立多平台社群体系，企业还需要对不同发起者或不同建设目的的碎片化品牌社群进行聚合，这包括三个方面：一是不同子品牌的碎片化社群，以小米为例，旗下不仅有小米手机还有小米家居、小米运动等各种各样的子品牌，不同子品牌就会形成不同的子社群。因此，随着品牌的发展，需要更加关注品牌社群体系的管理，就需要对不同子社群的功能进行精准化的定位。二是随着社群成员的增加和规模的扩大，社群成员的兴趣和价值观会形成不同的偏好倾向，会越来越难建立起相对统一的思维或者行为方式。因此品牌需要关注到这个现象，有意识地对品牌社群兴趣偏向进行分组，对社群内容进行标签化管理，形成相对统一又多元的社群文化氛围和丰富社群的组织结构。三是整合线上线下的社群数据资源。线下社群参与为线上社群分享的重要互动内容来源，也弥补了线上参与所没有达到的真实共在，更能够激发社群成员之间的情感共鸣，加深社群参与的体验感知。随着新零售发展的深入，品牌体验店的互动数据得以留存，进而达成了全渠道互动数据的流通，这种结果能给社群成员带来更加一致性的社群参与体验。

（2）将消费者的个人追求与品牌社群价值相关联

将消费者的个人追求与品牌文化相融。现在社会上的品牌众多，大众不可能会记住每一个品牌，因此品牌要做的是帮助受众获得自我实现，而不是名牌时代的自我标榜。

以耐克为例，耐克很少做关于产品层面的宣传，但它的品牌理念非常清晰，就是"Just do it！"是一种体育的竞技精神，是勇于挑战自我不言败的坚持精神，耐克后来还开设了跑步者的社群，把拥有相同理念的人和热爱运动的人连接在一起，让营销回归了价值观。现如今品牌正在变成一个开放的媒体平台，以价值观产生号召力和影响力。所以做品牌的价值观传播一定要与受众产生强烈的关联，品牌只是一个道具或者是一个连接的纽带，要让受众由心而发地有心灵上的深度刺激，从而达到深度的互动。综合来看，品牌要想尽可能地扩大受众群体，就一定要深入到精神层面，不管内容形式如何变化，精神层面的东西是永远改变不了的。

所以在今天这个变化的时代，对价值观层面的东西有深度的认同和理解，并由心而发地传递出来，才能够更好地与消费者的个人价值相关联，消费者才会自觉地寻找品牌，通过品牌来彰显自己的价值观和生活方式。

在社群建设和规则维护方面，也要让消费者认同品牌社群的意义与价值。消费者的个人追求其实是与社群价值息息相关的。如果消费者能主动地为品牌社群创造价值，那么也会更容易认可品牌社群的价值与意义。因此，应该努力将品牌社群价值与消费者的个人追求相关联，引导大家更多维度的公共互动。要将社群价值与个人价值关联起来，离不开让每一个消费者积极创造，因此要尽可能地邀请他们共同参与到社群内的公共建设中。品牌社群应该提供有效的途径让每一个社群成员参与进来，共同创建并共同享有社群资源。在平台功能机制设计层面，允许社群成员参与到社群的公共事务中来。需要品牌社群的主要运营人员定期发布需要大家共同商榷的事务或者重要的提案收集，让成员感知关键事务的进展。同时还要召集大家积极参与到社群公共活动中，比如参与品牌社群的规则制定意见搜集，以及相关新产品活动的公共投票等。每个成员都可以对社群中的不合理或者违规行为进行举报，共同参与裁决；还可以增加活动建议功能，在这个功能下社群成员可以公开讨论想要组织什么线上活动或者线下活动，并提交给相关建议给社群运营负责人，将权力释放给社群成员。

（3）共同创建独特的品牌文化

在用户注意力成为稀缺资源的时代，想要更好地吸引和连接社群成员，离不开有价值的品牌内容。品牌内容的稳定输出，能够成为社群活跃氛围的催化剂。根据 Smart Insights 2017 年对全球 2 352 家品牌商的调查，有 20.3% 的品牌商认为内容营销在 15 种常见营销技术中是最有效的，内容营销已持续三年在该排名中占据前三位。这是因为内容营销不仅仅让用户感觉到品牌在卖产品，更重要的是附带的情感价值。客户最终购物除了对产品的需求，还有对品牌情怀的买单。因此，品牌内部运营人员，就不能仅仅像普通编辑一样进行简单的产出，而且还需要具备专业文案素养，就要对目标人群、品牌文化、品牌印象、客户关系等方面有着非常深刻的洞察。如果想要设计出令人感到惊喜新鲜的内容，还需要组建内容创作团队来完成。

品牌故事是最生动的品牌内容。所谓讲故事，就是通过叙述的方式讲述一件富有寓意或带有回忆的往事。人们通过各种形式的故事，传播着一定的社会文化和价值观念。因此，故事是最容易被记忆、传播并相互影响。而品牌故事则是通过贴近人性，赋予产品情感，使品牌与消费者形成更有意义的讲述者与倾听者的关系。在品牌故事里，一个完整的品牌故事包含三种。一是企业品牌故事。企业品牌故事主要包含企业的历史和企业的愿景，企业能给消费者、社会带来什么价值。品牌人格化越高的企业，就越容易收到社会及消费者的尊重。二是领袖人物品牌故事。每一个企业的创始人、CEO、管理团队本身就有许多创业过程中的故事可以挖掘，抑或是与企业有关系的历史人物故事。三是产品品牌故事。品牌产品的故事转化为产品的概念故事，渗透到消费者的生活场景中去，对产品的起源即产品的生产过程，以及有关的设备材料加以讲述介绍；还有就是消费者的产品使用故事，讲述不同消费者在使用过程中所产生的不同故事。如哈雷车友会的线上品牌博物馆，就通过展示不同消费者与哈雷摩托车的品牌故事，形成品牌情感的联结。

第二节　社群经济时代微信平台的营销策略

微信社群依托微信强大的用户资源平台，以其去中心化、弱关系连接、私密性等传播优势，在各种营销领域大放异彩。成功的微信社群营销，应注重目标受众精准化、营销手段丰富化、管理规则制度化、主题活动常态化，还应及时对社群成员完成身份转化与身份认同等策略。本章分为微信的社群功能应用、社群经济时代微信社群商业的解读、社群经济时代微信社群营销的策略三部分。主要内容包括：微信的发展历程、微信的社群功能、微信社群崛起的优势因素、微信社群发展面临的困境、微信社群的营销与推广等方面。

一、微信的社群功能应用

（一）微信的发展历程

社交媒体时代的来临意味着各种媒介平台的诞生与兴起。腾讯公司作为中国最大的互联网综合服务提供商之一，于 2011 年 1 月 21 日推出了一款提供即时通信服务的免费应用程序，发展至今已成为目前国内最为热门、市场占有率和用户占有率均位居前列的互联网应用。

不过，作为即时移动通信类 App，微信在推出时间上并不是最早的。早在 2007 年，中国移动作为国内最大的运营商之一推出了一款"综合通信服务"——飞信，试图打破手机原有的只靠电话与短信方式沟通的模式，实现互联网与移动网之间的"无缝通信"。2010 年年末，小米公司也开发了一款功能相类似的智能手机操作系统平台米聊，2014 年 2 月该项业务被其他网络科技公司收购重组。

可以看出，飞信和米聊的出现时间都是要早于腾讯微信的，但在发展的过程中都仅仅是昙花一现，并没有走得更加长远。如果将飞信、米聊与微信进行对比我们不难发现，微信在保留了原有的文字消息收发、即时语音与图片收发的功能外，还在短时间内对微信功能进行了升级，增加了朋友圈、基于位置的

LBS 服务、微信公众号，以及微信支付等多种服务功能。

2018年，微信7.0版本更新，对于公众号内容的分享与聚合模式的调整，这是本次升级最大的看点。公众号文章底部的点赞按钮变为了"好看"，被"好看"的内容自动推荐到看一看。这对于分享流量枯竭的公众号运营者来说，无疑是绝处逢生的好消息。

不仅如此，"好看"这个一键分享功能，也解决了入口过深，用户没有养成"看一看"习惯的问题。当用户通过"好看"将文章分享到"看一看"后，自然想看看好友中有哪些志同道合的人。

虽然基于共同推荐的讨论很难出现，但是"好看"把用户由公众号带到了"看一看"这一信息流中。"看一看"也有望成为朋友圈之外，另一个大型流量池。而"看一看"也会分担朋友圈部分的资讯分享与获取功能。

微信公众平台账号主要分为服务号和订阅号，区别在于订阅号主要侧重为用户传达资讯，类似报纸杂志，认证前后都是每天只可以群发1条消息。而服务号则主要侧重服务交互，类似银行、社保、114等提供服务查询，认证前后都是每个月可群发4条消息。

此外，订阅号的消息会被折叠显示在订阅号文件夹中，服务号则直接显示在好友列表中，且支持微信支付功能。很显然，服务号的消息更容易被用户发现，而且群发功能更强，因此不少订阅号即便没有服务查询和交互功能，也将自己升级成了服务号，这容易造成对用户的骚扰。于是在2018年12月27日，订阅号升级服务号功能下线，如果运营者需要变更公众账号类型，可使用账号迁移动能。

（二）微信的社群功能

想要将一种产品推向市场再通过此种产品进行营销，产品功能的强大是开发商所不能忽视的。网络与科技的发展带来的是人们对精神生活愈加重视，更在意产品"非物质性"的服务。

微信最初的功能与其他社交类App并无差异，经过几次的功能更新已经成为综合类的移动社交App，扩大了可提供的服务范围，因此才能占领用户市场，同时也形成了微信媒介营销的自有模式，实现了营利的可能。

1. 对话——点对点的人际传播

虽然经过多年的优化与完善，微信以其强大的功能优势成为智能手机中使用频率最高的手机 App 之一，但是作为微信的使用者，大部分用户还是将微信的社交功能放在首位。社交网络时代的传播使得人际传播不再扮演大众传播的末梢角色，而变成了整个传播结构中最为基础的部分，无论是新闻、资讯还是营销广告，都要先以人际传播网络为中介。而能是否能够利用好这最为基础的部分，获得组成人际传播网络的"节点"们的主动参与和主动传播，是信息传播行为成功与否的关键。

在社交网络时代，微信并不是最初推出即时移动通信功能的软件，但却为人际传播提供了足够便利的传播渠道，相比过去以短信发送文字即时消息的方式，微信的通信成本要廉价得多，信息的载体也从单一的文字形式增加到图片、语音、视频、网页链接等多种渠道。这种间接的人际传播由于媒介的强大功能从而打破了时间与空间的限制，丰富的种类渠道使信息的表述和意义更加完整，使传播的双方获得更高的沟通质量。

此外，在营销方面，微信可以进行单对单的沟通，独立的对话框有助于双方的互动交流，增加了营销的精准程度同时更能形成一种朋友关系。基于微信这种社交媒体属性的种种优势，借助微信平台开展针对客户服务的精准营销也成为继微博之后的另一个新兴营销媒介。微信与微博不同，微博的信息覆盖率要远远大于微信，换言之，微博更适合品牌传播。作为一个自媒体平台，微博的信息传播速度快，范围广，但是在传播效果与互动深度上却比不上微信。微博的传播优势在于范围，而微信的传播优势在于效果。

2. 朋友圈——点对面的大众传播

腾讯微信更新了 4.0 版本后，朋友圈功能上线。与较为私密的聊天功能相比，朋友圈是在"熟人社交"——即在微信好友的范围内，适当拓宽了信息传播的范围，可将文字、图片、小视频、网页链接及音乐发布在朋友圈中，受众范围扩大到所有的微信好友。

这种朋友圈的分享功能使微信变成了名副其实的自媒体平台。用户不仅可以查看好友的动态，也可在朋友圈中与微信好友分享自己的信息动态。与此同时，好友还可以对朋友圈的内容进行"赞"和"评论"，评论内容只有双方的共同好友才能够浏览，如果只是其中任意一方的好友则无法看到这一评论内容。微信朋友圈功能的自身属性决定了传播范围的限制，它设置了多重信息扩散壁垒，与微博的公众开放性不同，无法像微博那样形成多级链条式的扩散传播方式。虽然微信朋友圈内容的传播规模有限，几乎不会超出微信好友的范围，无法形成一种公众性传播，但是相比点对点的对话功能，朋友圈无疑使传播变得更加高效。在满足了受众需求的同时，朋友圈还扮演着另一个重要的角色——为微信的营销奠定基础。

3. 微信红包与微信支付——人际传播下的营销

说起微信红包，大部分微信用户都不会感到陌生。2014年1月27日，微信红包功能正式上线，而真正让微信红包走入大众视野的契机却是2015年春节，微信与中国中央电视台合作，在央视春晚直播期间推出微信抢红包活动，这使得微信红包一跃成为微信最为炙手可热的功能之一，这不仅大大增加了用户黏度，同时也在微信构建媒介营销模式中起到了不可替代的作用。

事实上，相比微信红包来说，阿里巴巴旗下的支付宝红包在用户心中有着更为完备、更为安全的支付环境，在财产安全方面受众认可程度更高，因此想要占据"红包"市场，微信红包就要扬长避短，抓住其他方面的优势进行推广。不难看出，腾讯微信的优势在于其自身的社交属性，丝毫不用担心功能推广方面的问题，利用受众间的人际传播或群体传播来完成，填补了其他方面的劣势。

微信红包既可以通过人际传播的方式进行一对一的发送，也可以利用群聊进行一对多的发送，这样一来既增加了传播的互动性，同时也具有一定的娱乐性。

4. 微信公众号

从之前的内容我们可以看出，微信结合了人际传播与大众传播，将二者融为一体。微信的即时通信功能、朋友圈分享、第三方应用及游戏、微信公众平台四大功能模块让微信同时成为社交平台、媒介平台、通信平台和服务平台。

微信公众平台是一种典型而新颖的自媒体形式，许多具有影响力的公众人物也开始运营微信公众号，将自己的感悟、生活、情感、经验与大众分享，不仅吸引了普通的微信用户，同时也吸引了广告主与赞助商的目光。那么，如何解释微信公众平台盛行这一现象呢？克莱·舍基（Clay Shirky）在《认知盈余》一书中提出了"认知盈余"这一概念，IBTimes 中文网总编辑连清川对其作出解读，他认为每个人在工作与生活中都会接触到不同的信息并产生一定的感悟与体验，当这些感悟与体验超出自身所需，就需要对其进行分享，甚至是销售。社交媒体恰好是一个能够分享、交流与沟通的平台，在利益的驱动下，微信公众平台这种形式的自媒体规模会越来越大。

"互联网+"时代的到来重构了过去的信息传播方式，受众获得了多样化的表达渠道，也造就了一大批意见领袖。随着社会分工越来越明确，不同领域内的专业人士使高质量的内容不再是短缺资源，人们也更加倾向于在过度碎片化的信息中寻找更深层次、更具有专业性的内容。因此便诞生了包括微信公众号在内的各种多样化的信息整合平台，拒绝碎片化，实现信息的共享。而这种共享型的媒介平台具有一定的机制，大多是在不同领域内的专业人士，为关注这一平台的受众提供自己所掌握的专业内容，满足受众需求。微信公众平台的优势在于它的打赏功能，推送的文章质量高，信息能够满足用户需求，用户可以选择打赏，金额可以自行选择。当然，相比广告植入的收益来说，用户打赏并不算是营利的主要方式，但打赏代表了高人气，人气越高获得广告商青睐的可能性就越大，同时也保证了公众号的长远发展。

二、社群经济时代微信社群商业的解读

（一）微信社群崛起的优势因素

微信的崛起带动了社群经济的发展，使社群成为企业和用户建立生态链（进行品牌宣传、收集使用反馈、增强用户黏性）的便捷通道，其优势因素如下：

第一，微信用户的坚实基础。微信已成为中国最强大的社交工具之一，囊括了人际、群体、大众等传播方式，接近一半活跃用户拥有超过 100 位微信好友、超过 10 个群组。57.3% 的用户通过微信认识了新的朋友，或联系上多年

未联系的老朋友。微信，这一基于强关系、强交互、强到达的超级社交工具，已经在我国移动互联网端普及。微信因其依托着大量的活跃用户引领了社群时代的到来。

第二，微信社群的私密性。微信群无法进行搜索，所以只能是好友间的相互添加，所以，同一个圈子的用户数会随着人数的增加而不断扩大。在每个人加入之前就已经被筛选过一次，这可以说是社群去中心化的完美利用，也是微信社群的一大成功之处。

第三，微信社群的去中心化和弱关系连接，极大地削弱了社群构建者的地位。在群人数低于100人时，可以扫描二维码进入；同时，微信群里的任一用户都可以直接邀请朋友进入，结构十分扁平化，在这里交流更充分，也更加顺畅。虽然微信社群并没有设置审核者，但每一个社群成员都是把关人。微信社群作为微信这一强关系社交工具中的弱关系连接的补充，给每个人提供了充足的交流空间。马化腾提出"互联网就是连接+内容"，而此处的连接往往是指这种弱关系连接。具有相同属性标签的一群人，大家可能来自世界各地，却齐聚在同一个平台，各自扮演着各自的角色，形成了一个"无组织的组织结构"，给社群提供了极大的讨论空间，也给社群成员共同完成某些事情提供了可能。

第四，微信资源平台的外在依托。微信社群的出现，弥补了微信在群体传播方面的劣势。同时，微信平台也为微信社群提供了强有力的支持：朋友圈是微信社群吸引首轮用户的温床；微信公众号是微信社群用户裂变式增长的关键；微信在移动支付上的布局，也为微信社群提供了强有力的用户变现的技术支撑。这些原因使得微信社群超越百度贴吧、豆瓣小组和QQ群等，支撑起了社群这一概念，成了社交媒体的重要新兴力量。

（二）微信社群发展面临的困境

社群并不仅仅是微信群，社群这个概念出现得也比微信要早得多。但是社群在微信时代因为全新的技术手段而重新焕发光彩，伴随着"社群经济""社群电商"等概念的热度持续上涨，也伴随着微信公众号的推广营销，微信群开始泛滥。微信社群通过各个自媒体人和微信公众号进行推广营销，建立之后，成员之间开始共享信息、交流意见、相互协作。然而，社群并没有想象中那么热闹和成功。无论是学习交流群、资源合作群还是兴趣聚合群，大多数社群除了刚建立的时候热闹三五天，之后往往会走向沉寂。随着时间的推移，社群里出现了越来越多的广告，各种各样的谣言和辟谣文章，鸡汤和反鸡汤，越来越多的人会选择屏蔽群消息，只有在偶尔出现微信红包时才会被激起几分热度。近年来，社群因微信社交红利被引爆，每天有不计其数的社群在诞生。而在此期间诞生的社群里，大部分已经走向了消亡，很多仍然在迷茫，只有极少数的社群找到了适合自己的可继续探索的商业模式。导致这种现象的原因主要有以下几方面。

1. 微信社群需求定位的模糊

运营者建群的原因有以下几种：为了构建自己的人脉、为了共同学习提升；为了工作需要；为了卖货，做社群电商；为了宣传推广自己的品牌等。但是人们为了自己的种种利益而去建群的时候，往往忽略了自己能为群成员提供什么。新媒体时代，"用户思维"被反复提及，很多建群者用朋友圈的"病毒"式营销和红包吸引了一大批人，创建之初充满激情、胸怀伟业、大撒红包，这时候大家积极参与、热情高涨，然而等到活动结束，没有了最开始的热闹，广告增多了，群内既没有能持续引发讨论的话题，也不能提升某方面信息的接触效率，反而会分散自己的注意力，并且要忍受很多的刷屏骚扰。这时候大部分人就会开始选择屏蔽群消息，这个群也就失去意义了。大多数社群存在的原因并不是为了打发时间，而是为了能满足成员们的某种价值需求。人类是具有趋利避害的本能的，会计算自己的付出和回报是否达到了平衡。所以只有在满足社群成员价值需求的过程中，也给社群建构者带来一些回馈，这才是一个完美的良性循环社群。因此，我们建群之初的立足点就是如何长期持续满足群成员的各种需求。

2. 微信社群规模与沟通效率的矛盾

微信群里存在一个现象，当人数在100人以内的时候，它的无序、扁平化等特点，会使沟通更加顺利，当我们想要联系到一个人时会更加便捷。著名的"邓巴数字"提出：人类智力将允许人类拥有稳定社交网络的人数是148人。

而这一定律仿佛在微信社群里依然起着作用。当微信社群的人数过多时，我们的沟通成本反而升高了，深度交流也更加难以维持。一是个人难以从过多的人中结识自己意向的朋友或交流对象；二是超大容量社群里往往多个话题同时进行，有太多的信息冗余，并且极有可能出现一些错误信息导致理解偏差；三是人数增多后不可避免地会有成员因广告、虚假信息、求投票等行为而退群；四是社群里过多的闲聊，导致群成员将之屏蔽。

3. 微信社群新鲜感维系的难度

如果一个社群长期维持一个状态，成员们必定会觉得无聊。所以一个社群想要长期保持新鲜感的主要来源是新成员、新话题和新活动。这必然需要社群构建者、专门的管理员或经营者长期持续地进行维护。如果一个群规模超过了100人，但是却没有定期的活动让大家一起交流、协作、讨论的话，群成员难以互相熟悉，难以建立连接，也就会没有归属感和身份认同感。在社群里的身份认同感和与其他成员之间建立的情感互动也是使一个成员留下的重要原因，当这一部分东西消失的时候，社群成员则很有可能退出社群。

（三）微信社群的营销与推广

面对社群定位模糊、社群管理无序、虚假消息泛滥和缺乏新鲜感等致使社群失去活力的症结，在运营微信群的过程中可从以下路径寻求解决方案。

1. 微信社群目标受众的精准化

微信社群的内容服务以用户的核心需求为基准。根据马斯洛需求层次理论可以明确，需求分强弱，也分为主要需求和次要需求。比如抢红包是一种需求，发广告也是一种需求，但这些都只是一些次要需求，只有抓住核心需求，才有吸引人加群的原动力，才能吸引目标受众（用户）加群。那么对于用户，核心需求主要分为以下几种情况：

第一种，扩充自己的人脉圈。社交本质就是为了扩充人脉。每一个人都渴望被连接，任何一个人都会去努力维护自己的人脉关系。而人脉关系又分为两种：一种是职业人脉，另一种是兴趣人脉。因共同兴趣、爱好、年龄、角色等属性聚集在一起，建立垂直社群，可以定期组织话题讨论，还可以选取一些优质的讨论结果整理成文，这样产生的内容也算是社群的产出，最重要的是可以给社群成员建立一种仪式感，一种情感认同。

第二种，学习成长需求。学习是需要同伴的，在同伴效应的带动下，坚持学习就会变得更加容易。出于这样的原因，一些读书群、考研群、语言学习群就应运而生，但是很多人加这样的群也只是三分钟热度，所以这样的群需要群主制定一些规则，比如定期打卡，同时也可以做一些分享活动，鼓励大家相互打气。

第三种，加深情感联系。这种群大多是现实世界的一种延伸，比如一些同学群、亲戚群。这种群成员们在现实生活中有感情基础。这种感情基础会给成员们提供一种归属感。这样的群多数不用费心思去运营也可以维持很长的一段时间，大家一般也不会选择退群，而建群也只是为了彼此交流更加便捷。所以接下来的讨论中将不会涵盖这种类型。

2. 微信社群营销推广的多元化

当我们确定了一个群建群的目的之后便是运营的第一步：拉新。这一步比较简单，可以直接拉取微信通信录好友，此方法比较容易招致朋友的反感；可以通过朋友圈发二维码和微信公众号发布信息，这样能够吸引有意愿的目标受众，有效而广泛地吸引第一批有热情的群成员。

3. 微信社群规则共识的达成

当一个群建立之后，如果大家都随心所欲地说话（灌水），或者长时间不说话（潜水）的话，一个群就难以维持下去，所以一个社群的氛围需要一些管理和规则来维护，使成员能更加积极地参与沟通，这与社群的去中心化并不冲突。当然，管理者并不需要专门制定各种条条框框，其最主要的是要进行一种环境营造。一群之规并不是一定要管理者出面说明不能发广告、不能发红包、必须改名字。更合适的方法是管理者在某个时间聚集起大部分成员，让大家一起来共同讨论，我们应该遵守哪些规则。大家达成共识之后的规则才更容易被大家所遵守。同时一个社群有必要设置门槛，建立一种身份识别，以过滤怀有不良目的的加群人员。比如"逻辑思维"微信社群的门槛就是会费。"前橙会""南极圈"则是采取严格的邀请制，只能是BAT离职的成员才能加入。门槛可以是地域区分，可以是回答问题，可以是邀请制，可以是兴趣区分，具体如何设置必然与建群目的挂钩。设置进群门槛，在某种程度上可以提升成员的归属感和荣誉感，同时也是对群成员的一种防骚扰保护。

4. 微信社群主题活动的常态化

社群最开始都是比较活跃的，如何把这种活跃维持下去就成了关键。人们加群往往是为了情感归宿和价值认同，从这些方面着手，就能给我们做活动提供很好的思路。

（1）定期话题讨论

全群持续创造价值是一种维持活跃度最好的方式，也给了成员极大的参与感。好的社群是一个有机整合体，让每一个成员都参与进来才能调动成员的积极性。最常见的组织形式是社群管理者策划好一两个主题，然后和大家商量一个大部分人认同的时间，最后按时和群成员一起针对这个主题进行交流讨论。为了提高成员的参与度，可以给积极发言的成员一些激励，比如发红包，或者最后抽奖等。至于为什么话题讨论要定期定时，一是给了成员一种仪式感，二是最大限度地避免了群成员进程不同步的问题。讨论完毕后，组织者可以将优秀的讨论结果总结归纳出来，这会构成一种集体创作的感觉，会增强讨论的氛围，也会给予参与成员一定的荣誉感。

（2）邀请嘉宾分享互动

针对群内话题定期邀请嘉宾分享，之前可以通过公众号、微博等进行一些预告推广，这也可以乘机吸引一批新成员加入。同时群内也要做好预热，调动成员积极性。嘉宾的邀请可以根据自身资源，也鼓励从群内挖掘。给每一位成员讲述自己故事的机会，也是一个促进群成员建立深层连接的机会。在每次嘉宾分享活动之前，尽可能将宣传铺开，既可以增加社群知名度，也可以增加商业赞助和广告变现，还可能会得到一些资源对接的机会。

（3）塑造信任感与参与感

黎万强在《参与感：小米口碑营销内部手册》中提到："为了让用户有更深入的体验，小米一开始就让用户参与到产品研发过程中来，包括市场运营。"在用户为产品研发提供反馈和意见的过程中，自然而然就会成为品牌宣传的渠道。所以倘若一个品牌做社群的话，可以定期提供产品免费试用，让成员给予反馈，甚至可以让成员们参与到产品命名等活动中来。

（4）适当与线下活动结合

人们在互联网交流哪怕已经很深入了，但是成员互相之间还是会觉得相对陌生和虚拟，适当的线下活动可以建立成员之间的信任感，也会增强社群成员之间的情感连接。成员之间相互建立了归属感，则更容易留在群里。

5. 微信社群成员的身份转化

社群就如同任何其他事物一样，都有一个生命周期。无论运营得多么出色，一个社群在经历萌芽期、生长期、活跃互动期之后，往往也都会走向衰亡。导致群衰亡的原因很多，社群里社群管理者的热心管理难以维持；用户的积极性也难以维持一个很长的时间；随着时间推移，大家的价值观开始有分歧；随着时间的增长，这个社群给群友带来的新鲜感也会流失。所以在一个群走向消亡之前要根据群成员的目的，及时完成群成员的转化。

（四）微信平台的商业模式解读

商业模式是平台企业业务实现的重要手段，是研究企业发展战略的重要基石，就目前来看，我国互联网平台企业的商业模式主要有：增值服务、移动营销、移动游戏和移动电子商务。下面对四类模式进行逐个分析：

1. 以增值服务为主体的商业模式

首先，平台企业能利用现有技术和通信平台，根据用户的不同需要，通过向用户提供超出技术或通信平台能力之外的各种服务都被称作平台企业增值服务。以增值服务为主的商业模式就是平台企业利用向客户提供这类增值服务来实现商业利润的商业模式。目前，国内外很多互联网平台都是这种商业模式的重要基础，比如脸书、推特、新浪微博、QQ空间、微信等。主要表现为收费服务：收费表情下载、QQ空间扩容、脸书推广等，这些服务都从一定程度上拓展了平台企业的发展空间。

其次，就目前来看，增值服务为主的商业模式得到了充分的发展，反映在很多方面，比如我国最早提供增值服务的平台类软件——腾讯QQ，从最基础的免费通信到免费升级、QQ空间付费装扮、付费QQ宠物、付费QQ特权、会员加速服务、个性化定制服务、QQ空间扩容……这些都证明了在互联网世界，以增值服务为主的商业模式的生命力。根据腾讯2013年第三季度的财报数据显示，增值服务在腾讯的整体营收中占据重要地位，比例约占20.7%。作为腾讯重要发展战略区域，同年微信5.0一经推出，就因为公众号服务和扫码服务得到了广大消费者青睐。此外，微信相比QQ具有软件小、运行绿色等特点，更适合当今移动互联网发展需求。

最后，微信增值服务按照针对的用户群体可以分为两类。

第一类是针对个体用户的增值服务。网络世界中，个体是组成网络的基本单元，几乎所有的互联网平台类企业最初都是采用向个体用户提供增值服务的方式获利的。由于发展时间较为悠久，微信等社交软件在这种商业模式开展过程中技术和成本难度都很低，只是需要关注以下变化。

（1）付费表情、主题等

虽然目前的微信能够提供付费的表情，但现有的付费表情种类还较少，不能满足个性化的客户需要。随着平台类企业发展日新月异，越来越多的付费主题商店会受到客户的欢迎。

（2）会员增值服务

互联网对客户关系的分类非常精细，很多平台类企业将客户分类，向不同等级的会员提供价格不同的增值服务。比如逻辑思维，基础会员注册管理都是免费的，只向他们推送逻辑思维基本产品和服务，对于六级客户，公司向其全面推送信息增值服务，包括企业在线管理咨询等。

（3）内容增值服务

这种服务模式就是不断拓展平台类企业服务的内容，相当于传统企业依据市场需要不断研发推出新产品，新产品既有可能和旧产品有关，也有可能无关。比如爱奇艺，依据PC用户和移动用户的不同，就推出不同内容的影视服务内容。喜马拉雅会根据客户需求不同推出移动音乐、小说、讲座等各种内容的增值服务。此外，优酷、360等平台类企业也采用了这种提供增值服务的方法。从一定意义上说，增加增值服务的内容，就是增加平台企业生存的必要性，考核平台企业是否有核心竞争力，主要从这个指标入手比较能够说明问题。

第二类是针对企业用户群体的增值服务。现在很多互联网平台公司在互联网个人用户增值服务上都有着大量的实践，但是真正面对"社群"的增值服务却少之又少，腾讯公司开发的微信作为一款连接人与人的社交平台类软件，可以建立起以"社群"为单位的网络生态系统，各种社群必然存在不同的需求，作为互联网文化传媒的企业就可以依据这个平台开展针对社群的增值服务开发和供应。

需要注意的是，不同类型的企业和社群会有不同的需求，下面就根据微信平台企业用户不同类型来分析他们具体的需求。

就现状来看，基于微信 7.0 的服务平台主要包括公众平台和开放平台两种，两种平台针对互联网企业和社群的不同需要而开发设计，为了保证安全，目前两种平台都需要认证和监督，不过目前两个平台开发的信息服务产品均免费。

2. 以移动营销为主体的商业模式

随着移动通信技术的日益完善，移动电子商务发展迅猛，很多企业开展了微信移动营销的商业模式，该模式就是企业以微信作为平台向客户（个体、企业、社群等）定向和精确地推送个性化、定制化的即时信息，从而为企业进行品牌传播、产品推广等营销服务，并通过这类活动谋取经济利益的商业模式。

作为微信的基本功能，微信公众平台成为众多商业企业占领网络营销的制高点，由于微信公众平台具有信息发布种类多、方便维护、增值功能多，满足个性化等优势，微信已经成为目前企业网络精准化营销的主要平台之一，甚至有些企业将某个产品、某次调研、某个论坛等也注册微信公众号。微信公众平台具有以下特点。

首先，微信是目前使用最为广泛的即时通信工具之一，作为即时通信工具，信息通信功能贯穿于微信的各大子系统，比如微信公众平台的通信属性就比较强烈，这种中群体的通信属性强化在客户看来就有着非常强的媒体属性，这对保证微信公众平台的权威性、客户信任度等都有很大帮助。同时，微信媒体属性也弱化了营销信息的商业性对微信客户带来的伤害。

其次，微博传播主要以"一对多"的明星效应为主，比如很多网红、名人大咖等"大V"在微博上的带动效应，这种平台更适合作为社交信息的传播渠道，但微信主要提倡"一对一"信息传播方式，这里的"一"主要是指一个人、一个群组、一个社群等，更方便有着共同爱好或需求的人之间进行信息交流，因此微信公众平台更适合进行商业化运作。

最后，目前微信将公众订阅号在公众平台上设为二级菜单的目的就是为了控制和制约企业或者个体在平台中信息传播的权限，这虽然限制了微信公众号的信息推送速度，却在一定程度上规范了商业信息的发布，让客户体会到公众平台不仅仅是商业平台，更是社交平台，反而提升了客户的忠诚度。

所以，微信作为一款即时通信软件，不仅仅能将商业化运作模式应用上去，帮助企业进行网络营销，而且该平台还具有社交功能，可以很好地将销售前信息推送、销售中信息交流、销售后服务在线提供、客户调查、客户关系管理等营销多方面内容整合在一起。目前企业面临的主要问题就是如何既不影响个人及用户社交需要，又能向其提供及时准确的商业信息，进行品牌推广等营销活动，也就是每个企业应该依据现有的企业特质打造一个能帮用户群体达成营销目的的服务机制和商业平台。

3. 以移动游戏为主体的商业模式

微信以游戏开发为中心，开展相应的商业运行模式，通过进行游戏开发，为用户提供相关服务，从而获取一定的收益和利润。

随着经济社会的不断发展变化，人们对手机游戏、网络游戏的要求也逐渐增高，微信抓住这一市场需求，及时开展游戏业务，根据通信公司的相关财报，游戏业务占到了腾讯总营收额的很大一部分，也实现同比增长，在这些营销收入中，微信网络游戏则是主要力量，相关报告显示，在2020年第二季度，微信游戏营收额约1 149亿元，微信在游戏方面，也不断开发，不断满足消费者需求，目前，消费者越来越青睐大型游戏，因此，这也是微信游戏开发的重点之一。

4. 以移动电子商务为主体的商业模式

所谓以移动电子商务为主体的商业模式，就是以微信作为商业信息媒介，为各种企业进行线上交易提供支持服务及技术，并从中获利的商业模式，该模式的重点是保证交易的双方或多方实现线上交易，包括线上洽谈、线上咨询、线上合同签订、线上订货、线上支付、线上物流查询、线上呼叫中心等子功能。该模式具体包括以下几种形式。

（1）移动支付O2O平台

通过不断构建线下与线上商业沟通合作渠道，构建紧密联系，增加用户使用过程中的互动感，直接带来客户吸引力，从而促进用户消费，在这种模式下，线上交易与线下交易完美融合，类似于O2O模式，在电子商务及游戏发展速度迅猛的当今，依托传统的单纯支付已不能适应市场需求，需要不断整合信息，构建出一个立体化的、系统化的O2O模式运营平台。

有别于传统的电子商务模式，采取新型O2O模式，能够将线上线下销售优势充分结合，线上展示相关信息，并负责收取费用，剩下则可供消费者进行实体体验，在整个过程中，消费者能够充分把握支付信息、个人信息，以及各类商品信息等，作出有效判断，商户也能及时利用相关数据构建数据库，为客户提供更好的服务，并获取更高收益。此外，通过对数据的进一步分析和整合，运用相关技术，还能够帮助商户解决"用户需要什么""用户处于什么位置"等问题，而查找商户、查找附近的人等功能，更能够帮助消费者及时到了解相关信息和商品信息，微信能够帮助商户更好地推广产品，也能够深入研究消费者的相关消费习惯。从而帮助商户更好地为消费者提供服务。

（2）电子商务B2C和B2C平台

自从微信诞生以来，就在B2C（企业到消费者）模式上进行过大量探索，比如从支付、钱包功能模块下增加在线购物功能，不仅将电子商务平台和微信平台很好融合，而且还将京东商城、苏宁易购等国内大型电商的销售平台与微信连接起来。这种做法为更多的商业企业提供了思路，如果将自己的电商平台与微信建立关联，并通过公众平台不断维系客户，这样就可以把整个商务过程全部嫁接到微信中，这种策略对于中小企业来说不失为一种好办法。

三、社群经济时代微信社群营销的策略

（一）微信媒介的营销模式

1. 收费服务模式

新媒体多数是商业网站，身为企业，实现营利才是其根本目标。过去的商业网站营利的模式大多是"免费使用＋网络广告"的形式，但是，对于多数网站来说，这一模式虽然便利，但却很难为企业带来盈利，由此带来的网站亏损的例子比比皆是，许多知名度高、访问量大的网站也是如此。如雅虎 2002 年第一季净亏损 5 360 万美元；而我国的电子商务网站市场也是略显低迷，除阿里巴巴、环球资源等少数几个年收入超过 1.5 亿元的龙头企业之外，B2B 行业网站 2006 年的平均收入仅有 530 万元，其中 65.17 % 的网站年收入低于 200 万元。

由此可见，"免费使用＋网络广告"的模式已经不适用于新媒体的发展。而在腾讯公司推出的服务中，我们经常会看到"增值服务"。所谓增值服务，大多是指以互联网为媒介，通过互联网的除域名注册及虚拟主机等基本服务以外的服务。简单来说，就是利用网络社区搭建一个用户间沟通和互动的平台，激发用户的娱乐需求和自我展示的需求，进而为有需求的用户提供各类通过办理会员付费才能够获得的一系列个性化服务。换言之，增值服务是一种收费服务。

近年来，互联网增值业务发展势头增强。它们依托大数据与强大的即时通信平台，及时和准确地把握了用户需求，获得了用户的高度认可。拥有互联网活跃且规模庞大的用户群，增值业务表现出来其他传统媒介所不具备的极强的互动性，成为近些年媒介市场重视的、发展迅猛的新型互动平台。

我们以腾讯 QQ 为例。腾讯的互联网增值业务同样是基于即时通信平台，一种说法认为网络广告是指在互联网站上发布的以数字代码为载体的各种经营类广告。主要包括 VIP 特权、虚拟的个性卡通形象、个人网络空间、网络音乐等。

不可否认的是，用户创造价值。深度开发增值服务较为活跃的网络社区平

台，构建我国互联网互动营销的新模式，是现在各大互联网企业媒介营销的首要目标。自2007年起，腾讯公司的互联网增值服务便超越了广告收入和移动电信服务的收入，占到了总收入的65.6%，创造了网络公司持续盈利的经营模式。通过对此种模式的借鉴，微信的增值服务就有了参考模式。不过，现阶段微信的增值服务还在起步发展当中，目前的增值服务收费项目主要是表情、游戏类。随着移动技术的发展和产品本身定位有所突破，微信增值服务的发展依然有很大的进步空间。

微信的用户增值服务模式主要分为三大类，其中包括表情包付费、游戏的道具付费和其他内容增值服务。微信表情包大致分为免费表情、付费表情和用户自定义表情三种，也就是说，部分表情包是需要用户支付一定的费用才可以使用的。微信游戏是微信营销模式中的重要组成部分之一，共分为角色类、竞技类、动作类、休闲类和棋牌类共五大种类。目前，微信推出了多种小游戏，以供用户根据自身偏好进行选择。下载游戏是不收取费用的，但是游戏中的道具、角色等，有一部分是需要用户支付费用的，用户若是想要更进一步体验游戏就需要进行消费。而相比之下，其他内容增值服务的发展潜能要更广阔一些。

早在2003年，腾讯公司就涉足了网络互动娱乐业务，发布了QQ游戏，在接下来的时间里陆续推出了QQ堂、QQ宠物、穿越火线等多款游戏，玩家数量猛增。在开放性的发展模式下，腾讯采用自主研发、代理合作、联合运营三者相结合的方式，在多个领域形成有针对性的精确市场布局并取得了良好的业绩。游戏的增值服务为腾讯带来不少盈利，根据2009年的第二季度财报显示，腾讯游戏以收入12.41亿元人民币，跃居同年网游行业第一名。如今，腾讯游戏已成为腾讯四大网络平台之一，同时也是我国最大的网络游戏社区。

微信面世之后，腾讯公司加快脚步，着手研发了多款不同类别的游戏。一方面游戏的增值服务可以带来盈利；另一方面，用户通过游戏来满足娱乐的需求。虽然在用户数量上游戏并不能起到很大的提升作用，但在增强用户黏度、满足用户需求方面却起到了至关重要的作用。因此，微信游戏的开发在营销上可谓是"双赢"。

实际上，我们也可以利用"使用与满足"理论来解读媒介营销中的增值服务。用户选择了自己想要的表情并支付费用，使用表情用户便可以在与好友的交流中更好地表达情感，满足沟通的需求；用户在游戏中为某一款游戏的增值服务付了费，满足了娱乐需求；等等。同时，用户的支付行为会对微信形成一种反馈，这种反馈体现在大数据中，可以使微信在对增值服务的开发上根据用户的偏好有所侧重，为用户带来更好的使用体验。当然，这一过程也为微信带来了盈利，是一种逐步提升的营销策略。

2. 电子商务模式

目前我们所熟知的新媒体电子商务营销模式有很多，无论是亚马逊、eBay，还是阿里巴巴，电子商务已经融入我们的日常生活中并扮演了重要的角色。微信的营销模式也吸取了电子商务的成功经验，与用户和第三方企业平台建立了线上线下全方位的服务关系。

（1）O2O电子商务的媒介营销

二战之后，世界进入经济全球化时代，与经济全球化一同来临的是更加具有"契约精神"的商业化社会。O2O概念的提出者亚历克斯·兰佩尔（Alex Rampel）将O2O商务的核心定义为"在网上寻找消费者，然后将他们带到现实的商店中"，事实上"是支付模式和线下门店客流量的一种结合，实现线下的购买"。当然，对于飞速发展的电子商务的营销模式来说这个定义可能不那么准确，但是其核心依然如此，O2O商务本身依然是面向受众消费的生活领域，只是将这一领域的消费逐渐网络化而已。

如今，随着微信媒介营销模式的建立与完善，越来越多的企业开始注意到微信这一营销平台，利用微信投放广告进行推广。相比新浪微博，微信有着更加得天独厚的优势。来自微博的信息往往要更加庞杂、更加碎片化，而信息的传播要更加公开化，受众面更广，并不利于归类于定位用户、进行精准的广告投放；而微信相比微博私密性更强，更利于利用大数据进行受众群体的划分，使企业的广告投放更加高效精准。

事实上，在我们的认知中的O2O大致分为"线上"和"线下"两个方面，O2O的社会化营销所注重的就是线上线下内容与流量的相互投射，只要将内容与流量准确对应起来，就说明营销取得了一定的成效，随之产生的便是利益价值。因此，为线上线下提供中介渠道的平台便成了媒介营销中除内容和流量之外的另一个重要因素。

（2）O2O营销要素解读

对于第三方企业来说，微信带来的商机是不可限量的，只要是微信的使用者，都可能成为潜在的客户。O2O媒介营销模式所包含的要素大致分为信息的传受双方、提供平台的媒介、信息内容，以及用户对于内容的反馈。自媒体时代下的传受双方并不存在从前那么明确的划分界限，信息的传播与接收是发生在每个用户身上的。

O2O的本质是一种连接，与以往的连接主体不同，O2O连接的是用户与服务。如果用线性模式分析来看，微信是商家发掘广大用户群体的渠道，用户通过微信平台接触到商家获取商品信息，在完成交易之后，微信从中赚取交易额的一部分，其余的金额返给商家，用户在经过之前的一系列流程之后确定用户体验，再经由微信将体验反馈回商家，由此实现一个主体闭合的线性循环模式。

O2O模式的亮点在于受众的反馈，大多数情况下反馈都是以线上评论的形式出现，实际上是整个营销过程的最终一环。受众以评论的形式将用户体验分享给更多的用户，微信平台从而能够进一步提高用户体验度和用户黏度。

（3）解读以微信为平台的企业营销

在市场竞争日趋激烈的今天，营销结果的好坏不仅仅取决于营销模式是否完善，营销策略是否适合于营销模式，营销渠道是否能够最大限度地与受众群体相衔接，都是第三方企业与营销平台需要考虑的问题。

微信与许多第三方企业品牌都建立了合作关系。在微信界面点击"钱包"选项，不仅可以使用支付功能——扫描二维码或向他人转账、充值缴费等，还能够直接连接第三方服务，如滴滴出行、美团外卖、大众点评、京东、票务与酒店的预订等。以京东为例，京东是腾讯公司在电商领域的重点合作对象之一，主要目的是打破阿里巴巴在O2O行业一家独大的垄断局面。同时，微信对电商业务不再自营，而是借助京东更完善的物流系统和正品口碑，在电商领域占有一席之地。腾讯为京东提供了便利的入口资源，手机QQ与微信都在页面二级 Tab 中加入了一个购物入口，点击之后即可跳转到京东 web 页面，为微信与京东同时增加流量。微信的社交属性是口碑营销的优质平台，京东与腾讯微信的合作在一定程度上使京东打开频率得到提升，将微信用户引流到京东，提升了京东的活跃用户，提高了重复购买率。

3. 网络广告模式

美国的传媒研究专家霍金斯对网络广告的定义是：网络广告即电子广告，是利用电子信息服务将广告传播给消费者。事实上，通常情况下我们对于网络广告的定义是"在互联网上传播、发布的广告"，它的形式、特点及收费模式等方面与传统媒体发布的广告形式有很大的差别。

与报纸、杂志、电视、广播等媒介平台的广告相比，网络广告具有互动性与主动性强、实时性高、针对性强、传播范围广、可准确统计受众数量形式多样等特点，因此备受广告商青睐。

2015 年 1 月 21 日，微信在其更新的 6.1 版本中加入了朋友圈广告，微信用户在浏览朋友圈时在好友动态中会看到第三方企业机构的图片与文字广告。事实上我们可以看出，与其他铺天盖地的广告发放不同，朋友圈广告出现的频率也并没有那么频繁，甚至不是每天都能够看到，有限的投放量看似并没有达到效果，其实不然。用户在微信朋友圈中看到的广告实际上是基于大数据分析的结果。所谓大数据，数字营销专家拉里·韦伯（Larry Weber）在《社交网络营销》一书中作出了解释："大数据包括企业信息化的用户交易，社会化媒体中的用户行为、关系以及无线互联网中的地理位置数据。"由此可见，大数据主要用于获取用户的信息。微信针对用户绑定银行卡的交易记录、基于用户常用的地理位置或是对平时聊天内容甚至是使用频率比较高的关键字来分析用户的消费水平、可能感兴趣的产品和周边的第三方企业等。

微信朋友圈的广告与传统媒体的广告二次销售相类似，在第一次销售中受众通过报纸或杂志来获得信息，而第二次销售指的是受众在浏览信息时会有意无意地注意到广告信息，也就是说媒介把受众的注意力售卖给了广告商，实现广告的投放。实际上，大数据对于整个媒介商业市场的渗透影响着许多企业的营销策略，越来越多的商家开始挖掘用户的信息，分析用户的需求，把用户变成消费者。身处智能媒体时代，用户对什么人、什么话题感兴趣，与什么人交往互动，这些数据的挖掘使得新媒体更加具有商业价值。与此同时，以微信为代表的新媒体挖掘大数据的价值在于不仅能够提供用户所需要的信息，还能够为用户过滤掉不需要的内容，实现用户与信息的精准对接。

当然，传统媒体这种"广告二次售卖"虽是一种行之有效的方法，但相比微信朋友圈广告来说并不算高效。通常情况下受众在浏览完想要的信息后便不会再多留意其他信息，因此在传统媒体上有些广告并没有起到它应有的作用，被忽略的概率比较大。而微信朋友圈广告则是基于数据分析，一定程度上减缓了受众对广告的排斥心理，让用户更容易接受广告内容，而企业也更加倾向于选择达到率更高、成本更低的新媒体广告平台。

4. 搜索引擎模式

微信公众号的推送营销实际上是微信的另一种营销模式——搜索引擎模式。与其他三种形式相比，微信的公众平台可以说是一种高质量的自媒体推送服务，它可以将信息资源加以整理和组织，按照用户需求，基于关键字来匹配的信息检索内容。

（1）微信公众号与"注意力经济"

早在1997年12月，一位名叫迈克尔戈德哈伯的美国学者在著名杂志 *Hot Wired* 中发表了一篇名为《注意力购买》的文章，并提出了"注意力经济"的概念。网络时代的信息并不是稀缺资源，与之相反，科技发展带来的结果是信息过剩；而相对于过剩的信息，真正稀缺的资源是人们的注意力。换言之，信息带来财富的时代已经过去，如今真正能带来盈利的是稀缺的注意力资源。20世纪60年代，麦克卢汉也对"注意力经济"进行了模糊的介绍，他认为电视台实际上是在"不动声色地'租用'我们的眼睛和耳朵做生意"。为了尽可能多地"租用"受众的眼睛和耳朵，电视台通过制作精彩节目来吸引受众提升收视率，这造成了观众在"免费收看"电视节目的表象。事实上，电视台是通过"隐性收费"来营利的。观众们的注意力实际上是一种隐形的资源，电视台将这种资源高价销售给急需这一资源的广告商，受众观看广告之后将注意力转化为购买力，对商品的消费中有一部分支出是由电视节目带来的，其对节目的关注等同于交了电视节目的"费用"。在这个信息爆炸的时代，无论是传统媒体还是新媒体，谁能够最大程度吸引受众的注意力，那么谁就在媒介营销之战中就赢得了第一场胜利。

自媒体环境下，信息的发布者不一定是某一领域的权威人士，高度碎片化的信息和非权威的信源使得本就稀缺的注意力资源更加分散。在网络时代，通常情况下我们快速获取信息的主要渠道是百度等搜索引擎，只要输入关键字便有大量未经过滤的庞杂的信息涌现到我们眼前，我们需要反复浏览并从中筛选，以获得最有效的信息。相比之下，微信公众平台要更加高效。首先，每个微信公众号都有自己的属性，即在一定的领域范围内，发布的内容主题相似，实际上是一种对信息的整合与归纳，这样受众想要获取某一特定主题的信息就要方便许多；其次，创建微信公众号需要创建者手持身份证件拍照，这说明发布在微信公众平台上的信息会有创建者来承担法律责任，因此即使是自媒体，微信公众平台也是相对可靠的信源。

（2）微信公众平台对于第三方企业的作用

很多企业，尤其是传统企业，创立微信公众号的目的就是"打广告"，把微信公众平台当作打通网络的桥梁。很多商家会定期推送一些产品信息给用户，但是这样单方向的推送很难取得"病毒"式传播的效果，往往都是在做无用功。归根结底，这些企业大多是跟风设立微信公众平台，平移老旧的营销思维，把微信公众号当作广告展板，没有做到把用户、平台、服务和目标真正统一起来，也没有从微信公众号的优势和社交网络的优势上去思考微信公众平台对于第三方企业来说到底有着什么样的价值。

我们都知道无论什么样的企业，其创办与发展的最终目标就是要营利，营利的过程中企业需要对消费者做两件事，一是制造商品满足消费者需求，这是由产品部门负责的；二是售卖货品传递信息，这部分是由市场、销售等部门负责的。前者是"产品价值"，后者是"媒体价值"。对于微信公众平台的运营者来说，公众平台的信息推送也是相当于"产品"一样的存在，很多企业运营公众号的失败往往是因为企业把平台当作是一种营销手段或者简单的发声渠道，甚至办成了"企业内刊"，缺乏内容价值，浏览量也会减少。信息传播产生效用的前提在于互动性，同时互动性也是微信公众平台进行营销的一大优势，优秀的公众号可以满足别人具体的需求，具有产品价值。所以微信公众平台的运营者需要将媒体产品化——让媒体具备产品属性，可以满足需求，才能真正做到让微信公众平台对企业的营销产生积极作用。

（二）微信社群营销的策略反思

1. 对媒介平台进行限制整顿

网络时代的到来加速了媒介的更新换代，这对于媒介营销来说有利有弊，但是单从近几年的营销环境来看，实际上是非常艰难的。

首先，自媒体平台的开放性拉低了媒介营销的门槛，人人都可以利用这一平台，因此导致了"微商"的泛滥，而经济下行带来的压力使市场容量和消费者的购买力、购买意愿全盘走低，不可避免地出现产品过剩的现象。

其次，多种传播渠道和开放媒介平台导致了信息碎片化，权威资源的地位不再，单一的媒介平台曝光率也在逐步下降，注意力资源被分流，电视、电脑、手机、电梯、地铁、机场、商圈营销广告随处可见。

最后，受众是被服务越来越完善的媒介"宠坏"的一批人，更多的时候O2O除了拼产品外更要拼服务、拼价格，把价格压到最低，如各大外卖App、出行类App，不仅可以使用代金券，新用户第一单甚至可以免单，这样才有机会赚取流量。然而，价格低廉成本却依然居高不下，利润就变得非常微薄，如果为了营利而压缩成本，那么发展的机会就更加渺茫了。

因此对媒介平台进行限制整顿，改善媒介营销环境势在必行。除此之外，利用媒介平台做营销应该将时间价值、技术价值、资源价值、平台价值的效用发挥到最大，努力将产品做好。

2. 对用户群体进行精准定位

在传统行业发展的早期，企业对于用户的划分定位是不明确的，大多数企业都是在做粗放型的大众产品。网络的发展过程也很类似，早期的互联网大多是"门户网站"，涵盖了所有类型的信息，不讲什么产品目标用户、受众定位。但如今传统营销领域竞争激烈，做大众产品越来越艰难，门户网站的巨头已经将市场发展饱和，所以，从特定受众群体的小市场切入、迭代优化、逐步做大的方式要更为明智。精准的用户定位有助于企业形成令人印象深刻的品牌形象，为受众提供更完善的服务，垄断一小部分市场。

清晰的产品，都有清晰的用户。根据用户的特征来对用户进行精准的定位，例如年龄、性别、收入情况等；同时，分析用户的喜好偏向，例如兴趣类别等，可以综合地归纳出目标用户。以小米手机为例，在细分市场方面，小米通过对市场的调研，将消费群体进行年龄划分，把消费主力群体的年龄界定为 25～35 岁。这个年龄段的人群大多数经济独立，处于事业上升阶段，对新鲜事物的接受程度也较其他年龄层高一些，消费观念比较前卫，乐于尝试。但是，这个数量庞大的消费群体并没有成为小米真正的目标群体，在这个基础上小米继续将其细化，找到每天接触手机时间长、将手机作为工具使用的群体，那就是手机的发烧友。之所以选择这个群体，是因为他们代表最为先进的消费观，对其他消费群体有示范作用，他们能够带来规模更大的群体性消费行为。

相比其他产品，微信社交媒介的角色更容易做到受众群体的定位和划分，在营销上也更有优势。

3. 完善第三方广告主的管理系统（CRM 系统）

CRM 是 Customer Relationship Management 的缩写，即客户关系管理。它是一种商业策略，是用来检视客户和销售之间关系的一种策略。社交化 CRM 的理念是为公司和顾客带来双赢的商业关系，它按照客户的分类情况有效地组织企业资源，无论是经营行为方面还是业务流程方面都要求以客户为核心，并以此为理念，提高企业盈利能力和顾客满意度。

CRM 系统中很重要的一点就是将销售环节中的销售行为转化为可量化的数据，供领导层预测与决策。如果想要成功实施这套管理模式，必须有强大的技术和工具支持。微信平台是集社交平台、媒介平台、服务平台、通信平台等于一身的综合类社交平台，功能要更加强大，比传统的 E-mail、短信、语音对讲等更具优势，具有实时在线、一对一、成本低、效率高的特征，是理想的 CRM 工具。

微信平台的 CRM 工具功能也是在不断发展的，开放语音识别接口能够提升微信公众平台企业客服的工作效率；CRM 接口的开放使越来越多的商家在客户管理、产品营销、意见反馈方面提供更强大的第三方技术支撑。想要在营销中将效用发挥到最大化，微信要更加完善 CRM 系统，平衡好用户与企业间的关系。

4. 提高信息质量与服务质量

好的产品首先是以"用户为王"的理念来服务受众的。把握核心用户，培养忠实用户才能有机会在口碑营销中占据有利的位置。将用户与产品深度绑定，同时又要给用户高度的自由选择权，在满足用户对产品基本需求的同时，也要满足用户的情感诉求，注重细节，都能够使用户对产品产生依赖，甚至将非刚性需求转化为日常生活中的习惯。微信对于营销类信息的传播并没有一个严格的把关，信息质量自然不会太高；从服务质量上来说，微信的营销涵盖了海量的企业与产品，导致服务质量参差不齐。忠实用户的培养不仅仅是指微信用户，从媒介营销的角度来说，微信只是为第三方企业提供了营销的平台，虽然对于第三方企业来说，微信用户就是潜在的客户，但最终的营销效果是需要微信平台与企业共同努力的。

第三章　网络消费者评论挖掘与跨平台网络营销

第一节　网络消费者评论挖掘

一、跨平台在线评论特征抽取

（一）问题描述

1. 在线评论及相关技术原理

（1）在线评论及其特征

在线评论，又称在线消费者评论。在线评论是用户生成内容（UGC）的一种重要形式，是消费者基于个人使用体验创建的产品信息。发布在线评论的网络平台可以分为三大类：网络零售平台、独立第三方评价平台和社交媒体平台。此处所涉及的在线评论为消费者在商家的网络零售平台和社交媒体平台上发布的评论。这些商家为B2C电子商务企业，他们在网络零售平台销售产品的同时，也在社交媒体平台上开通了官方的账号。目标消费群体在购买商品后与企业交流互动时，产生了海量的在线评论。

亚马逊、京东商城、天猫和淘宝网等是国内外网络零售平台的典型代表，其中亚马逊的商品评论字数设置下限为10个字，而京东商城、天猫和淘宝网的字数均被限定为500个字以内。亚马逊在订单确认90天内，可以对卖家进行评级和评价；京东商城规定可以评价三个月内交易成功的商品；天猫和淘宝网的评价规则是，交易成功后15日内发表评论，30日内可对已作出评论进行修改，180天内可发表追加评论，15天后系统对好评一方（另一方未评）默认好评评价。以Twitter（推特）和新浪微博为典型代表的社交媒体平台，文字一般被限定为140个字以内（2015年3月新浪微博文本上限改为2 000个字）。基于这种规则，在线评论文本信息总体呈现出发布实时、数量众多、表述随意、非结构化和内容复杂的特征。网络零售平台和社交媒体平台的在线评论仍存在一定的差别，其特点对比见表3-1。

表3-1 网络零售平台和社交媒体平台的在线评论的特点对比

类目	网络零售平台的在线评论	社交媒体平台的在线评论
总长度	一般	文本简短
文本规范性	一般	不规范、表述随意、口语化
评价对象	较明确	一般
词类使用	人称代词使用较少	人称代词使用较多
非文字语言使用	较少使用表情符号、标点符号、数字等语言形式；较多发布图片	频繁使用表情符号、标点符号、数字等语言形式；较少发布图片
内容	对产品特征评价多	交互信息丰富
语体风格	网络流行用语使用频率较低，句型长度一般	网络流行用语使用频率较高，句型长度较短

（2）图像匹配技术

图像匹配的定义。图像匹配是寻找一种最优变换，使来自不同时间、不同视角或不同尺寸的同一对象的两幅或多幅图像在空间上达到一致的过程。该技术就是构建某种有效的匹配算法，在采集的两幅图像或者多幅图像中查找相似的关键点，从而形成一一对应的关系。

图像匹配的分类。图像匹配算法一般分为基于灰度的匹配算法和基于特征的匹配算法。基于灰度的匹配算法（也称相关匹配算法）是利用模板图像在实时图像中进行滑动获取基准子图，并计算模板图与基准子图的相似性度量，以确定在实时图像中是否存在与该模板相同或相似的区域，若该区域存在，还可确定其位置并提取该区域。当实时图和模板图存在平移变换或较小角度的旋转时，采用基于灰度的匹配算法效果较好。基于特征的匹配算法中，要先在原始图像中提取特征（如颜色信息、边缘信息、角点信息、纹理信息等），然后忽略图像内的非特征信息，仅根据特征信息匹配的结果建立两幅图像之间的匹配对应关系。综上所述，这两类方法各有优劣，前者是依据图像的灰度值进行匹配，精确度较高但计算量大；而后者计算量相对较小，易于实现实时匹配，但抗噪声能力较弱。

图像匹配的评价指标。国内外图像匹配算法已有很多，这就需要我们给定一个评价算法优劣的标准。一般而言，匹配算法优劣的指标包括：匹配概率、匹配精度、匹配速度。

①模板匹配原理

给定两幅图像，T 为模板图，S 为搜索图，要求在 S 上找到模板图像 T 的位置，匹配原理如下：

首先，将模板图 T 叠放在搜索图 S 的左上角，模板覆盖下的那块搜索子图记为 $S^{i,j}$（i,j 为搜索子图左上角的坐标），让 $S^{i,j}$ 在搜索图 S 上开始作平移，如图 3-1 所示。

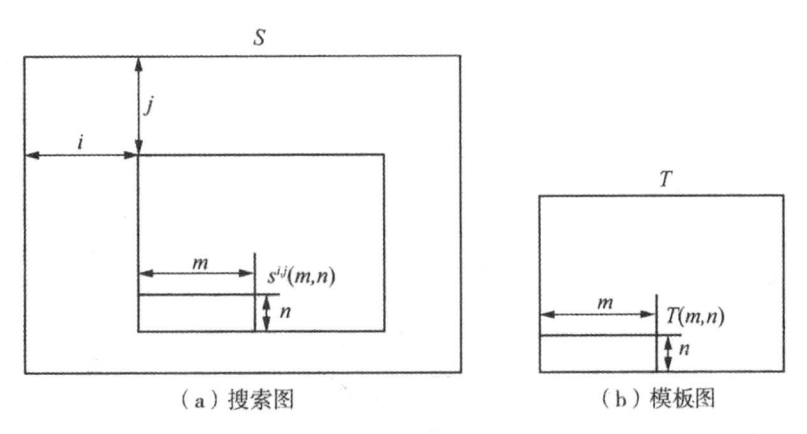

图 3-1 搜索图与模板图示意图

其次，计算搜索子图 $S^{i,j}$ 与模板图 T 的相似性度量值。这里采用的相似性度量函数为：

$$R(i,j)=\frac{\sum_{m=1}^{M}\sum_{n=1}^{N}\left[S^{i,j}(m,n)-T(m,n)\right]}{\left[\sum_{m=1}^{M}\sum_{n=1}^{N}S^{i,j}(m,n)^{2}\right]^{\frac{1}{2}}\left[\sum_{m=1}^{M}\sum_{n=1}^{N}T(m,n)^{2}\right]^{\frac{1}{2}}} \quad \text{（式 3-1）}$$

取值范围：$0 \leq R(i,j) \leq 1$。

最后，匹配情况分析。当 $S^{i,j}(m,n)$ 与模板图 T 匹配时，$R(i,j)=1$。即此匹配点就是 $R(i,j)$ 取得最大值所在的位置。

经过分析可以知道，模板匹配总共需要 $(N-M-1)\times(N-M-1)$ 次运算。所以当实时图像的尺寸较大而模板图像的尺寸较小时，模板匹配的计算量较大、耗时较多，难以满足实时性的要求。但是，当实时图像与模板图像尺寸相近，且仅存在平移现象时，匹配计算速度快且精度高。

②算法实现

根据前面介绍的算法原理，绘制算法流程图（如图3-2所示），并将模板匹配的实现步骤描述如下：第一步，读取搜索图和模板图像；将搜索图和模板图进行灰度化，并获取各自的尺寸；第二步，在搜索图上进行扫描，对于扫描到的每个像素点，以此像素点作为左上角，截取一个和模板图大小一样的矩阵，此像素点为该矩阵的左上角第一个像素，并对这个临时矩阵和模板图像的矩阵取相关系数值；第三步，如果取得的相关系数值大于规定的相关系数值，

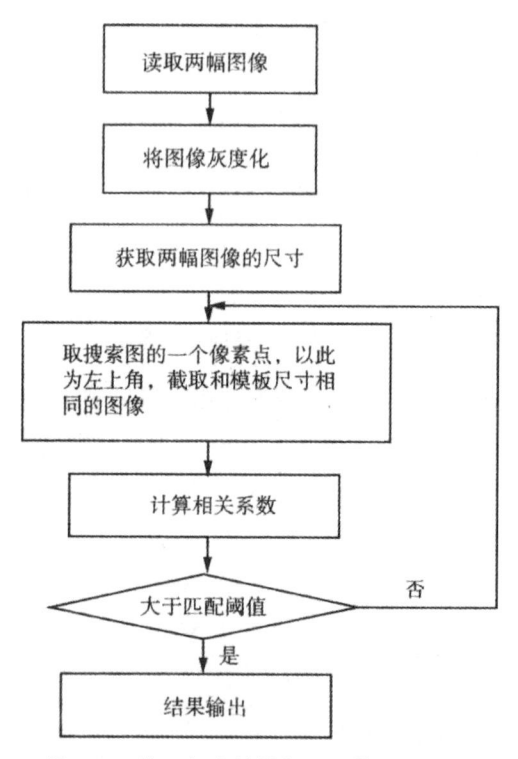

图3-2 基于灰度的模板匹配算法流程图

可认为在以此坐标为左上角第一个像素的临时矩阵和模板图矩阵是相匹配的，并将该区域标记出来，否则转到第三步重新选择下一个像素点进行操作，直到找到目标区域。

(3) LDA 模型

LDA 模型是由 David Blei 等在 2003 年提出的一种三层贝叶斯概率模型，该模型认为，在不同的潜在主题分布下、词汇会突显出不同的概率分布特征；同时，同一主题下，代表相同主题倾向的词汇出现的概率往往比较相近。在网络评论中，消费者往往会围绕有限的话题来讨论，例如对于服装而言，质量、款式、尺码、价格等产品特征，或者客服、物流、包装等服务特征，或者买家秀、直播、剧透等交互特征常常被消费者讨论和分享。因此，评论文本往往是针对有限的评论主题来展开的，恰好符合 LDA 文本训练模型的特点。另外，在线评论往往涉及多个主题，如"裙子质量好，版型美，客服推荐的尺码很合适，穿上显瘦！"LDA 模型认为每一个文档可以看作是多个主题以不同概率组成的整体，每个主题可以看成是一系列词以不同概率组成的分布，能较好显示这种多主题现象。此外，LDA 模型具有良好的领域移植性和良好的算法性能，而且不会出现过度拟合现象；通过无监督方法进行训练的，适合处理大规模文本语料，具有良好的特征抽取效果。这对数据量庞大的网络评论来说，正好是理想的算法模型。

①隐含狄利克雷分布

隐含狄利克雷分布（LDA）是一个无监督的学习模型，在概率隐含语义分析（PLSA）的基础上，把先验知识加入了隐含语义分析中，引入狄利克雷先验分布，提出了 LDA 模型。LDA 和 PLSA 同属于文本生成模型，以文本—主题—词语的三层贝叶斯结构来模拟文档中词语的生成过程。LDA 通过将主题的分配权重看作狄利克雷分布的随机变量，克服 PLSA 参数过多的缺点，从而克服了过度拟合的风险。LDA 模型的提出包含了两个假设：第一，文档集合中文档之间的独立性假设，即文档之间无顺序性及关联性；第二，文档中词语的词袋假设，一个文档中的词语之间没有相互关系。通过将每一个文档看作一个词频向量，从而将文本信息转化为易于建模的数字信息。

② LDA 模型结构

LDA 模型结构如图 3-3 所示，其中灰色节点代表可观测变量，白色节点代表隐含变量，有向边代表条件概率依赖，方框代表重复次数。M 表示文档的数量，N 表示每个文档中词语的数量，K 代表潜在主题个数。θ 表示文档–主题分布，φ 表示主题–词语分布。多项式分布 θ 和 φ 分别是一个带有超参数 α 和 β 的狄利克雷先验概率，决定了每个文档中主题分布和每个主题中词语分布的平滑程度。z 表示所有文档中词语的主题分配情况，w 表示所有观测到的词语的集合。

LDA 模型中，一个先验的狄利克雷分布 $\mathrm{Dir}(\alpha)$ 加入 θ，一个先验的狄利克雷分布 $\mathrm{Dir}(\beta)$ 加入到 φ。文本数据集的生成从每个潜在主题 $\mathrm{Dir}(\beta)$ 下的词语分布 φ 开始抽样。

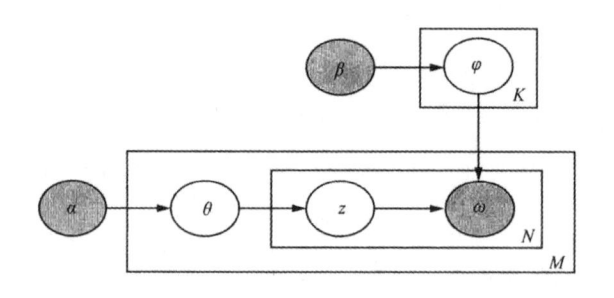

图 3-3　LDA 模型

LDA 模型的文档生成过程：

A. 选择主题分布 $\theta \sim \mathrm{Dir}(\alpha)$；

B. 选择词语分布 $\varphi \sim \mathrm{Dir}(\beta)$；

C. 对于文档 d 的每个词语 w_i

（a）选择主题 $z_i \sim \theta$

（b）选择词语 $w_i \sim \varphi$

③ LDA 模型的参数估计

为了获得 θ 和 φ，目前主要有两种方法：变分法和吉布斯采样法。这两种方法都不直接估计 θ 和 φ 的分布，而是通过估计主题句 z 的后验分布，对于给定的观测值 w，近似估计 θ 和 φ 的边缘分布。每个 z_i 表示文档 d 中的每一个词

语 w_i 其所属的主题信息。通过主题的分布情况，可以计算出 θ 和 φ 的分布。

吉布斯采样本质上是一种用于马尔可夫链蒙特卡洛（MCMC）的算法，因此这一类估计方法应用相对于变分法更加广泛。对于基于吉布斯采样的 LDA 模型，最重要的过程是根据概率分布计算出文档中的每一个单词的主题分布：

$$P(z_{dn}=k\mid z_{dn-1},W,\alpha,\beta) \propto \left(N_{dk}^{dn-1}+\alpha_k\right)\frac{N_{kw_{dn}}^{dn-1}+\beta_{w_{dn}}}{N_{dk}^{dn-1}+\sum_{i=1}^{V}\beta_1} \quad （式3-2）$$

其中，$z_{dn}=k$ 表示在文档 d 中第 n 个词上的主题为 k，$z_{dn}-1$ 表示文本数据集中文档 d 除了第 n 个词之外其他词对应的主题分配情况，N_{dk} 表示文档 d 中分配到主题 k 的词语个数，N_{kw} 表示词语 w 分配到主题 k 的次数，N_k 表示文本数据集中分配到主题 k 的词语总个数，当 Gibbs 采样过程达到收敛后，可以推导出公式 3-3 和 3-4 分别计算文档 – 主题分布 θ 和主题 – 词语分布 φ。

$$\theta_{dk}=\frac{N_{dk}+\alpha_k}{N_d+\sum_{i=1}^{K}\alpha_i} \quad （式3-3）$$

$$\theta_{kv}=\frac{N_{kv}+\beta_v}{N_k+\sum_{i=1}^{K}\beta_i} \quad （式3-4）$$

求得 θ 和 φ 的值后，就能得出每个文档最可能属于哪个主题，每个主题最具代表性的词语，最后得出 α 和 β。

2. 研究的主要问题

目前社交电商快速发展，许多传统的电商平台都热衷于添加社交功能，与此同时，包括 Facebook（脸书）、Twitter（推特）、Instagram（照片墙）、新浪微博、微信在内的众多国内外社交媒体平台，都积极引入电子商务功能。不同类型的平台虽然做法不同，但目标一致，都期望通过结合商务功能和社交功能增强消费者活跃度和黏性，从而促进购买。消费者在交互体验中产生的海量的在线评论，蕴含着大量潜在的价值。因此，通过对不同类型平台的在线评论进行消费者观点挖掘，需要完成以下三个任务：将相同服装企业在不同类型平台的在线评论建立关联；从在线评论中抽取服装产品的特征（包括产品特征和交互特征），确定服装在线评论的特征构成框架；构建跨平台在线评论特征词典。

为了顺利完成以上三个任务，需要明确并解决以下问题。

第一，不同类型平台的在线评论为什么要建立关联？原因有三：其一，通过关联网络零售平台和社交媒体平台的在线评论，在特征抽取环节，能够对不同类型平台抽取的特征进行对比分析，并据此构建更完善的服装特征词典。其二，在计量分析环节，能够对不同类型平台的消费者满意度的影响因素进行对比分析。在因变量的量化指标方面，除了分别选取网络零售平台的"评价评级"和社交媒体平台的"点赞数""转发数""评论数"外，因为不同类型平台的在线评论是基于相同商品建立的关联，所以还可以选择"销量"作为共同的量化指标。为了保证两类平台上用户的关联性和转化率，笔者在选择研究样本时，主要选择了淘宝网上深受用户喜爱的金冠级别的女装店铺。这些店铺的经营者在淘宝网和新浪微博上均积累了庞大的粉丝群，具有很强的影响力，属于网红多元泛化时代的新型"网红"。网红店主通过人为设置微博为只允许老顾客评论模式，在一定程度上保证了微博粉丝与店铺消费者之间存在较高的关联性及转化率。其三，在实践环节，能够从社交电商的视角，探讨企业的经营思维和营销策略。

第二，不同类型平台的在线评论怎样建立关联？通过浏览服装店铺的官方微博可以发现，除了一些日常信息，博文的内容主要围绕在售商品展开，并运用多种方式吸引注意力和提高参与度。商品图片是其中重要的一种。一条博文最多可完整显示9张配图，网红店铺的大多数博文会尽可能地充分利用这9个图片展示位，而且多数图片是淘宝网商品销售页面的图片，这就为不同类型平台的在线评论建立关联提供了可能。人工比对的方法虽然准确率高，但是耗时费力、效率很低，相较而言机器学习的方法效果更好。幸运的是，基于图像匹配的机器学习的方法已经相对成熟，能够达到预期的目标。

第三，如何将特征抽取的范围从产品特征拓展到交互特征？过去的研究将注意力主要集中在产品特征抽取上。产品特征的抽取是情感分析的基础，对于分析消费者满意度固然十分重要，但是伴随着电子商务的快速发展，在体验经济的时代背景下，消费者的满意度影响因素也越来越复杂。有时消费者对购买的商品本身满意，但是因为其他非产品因素而感到不愉快，而给出中差评。例如："买的预售款，等了1个月终于到了，买了7件衣服，本来很期待，时间久了热情都没了，收到衣服也没觉得很惊艳。"通过这条评论可以看出"预售"这种非产品因素能够影响消费者的观点、情感和评价。有时消费者对商品的满意，不仅源于商品本身，而且来自交互因素。例如："看直播时就被雯雯种草了"，或者"好不容易抢到优惠券，超级开心"，或者"只要是沫沫推荐的，都闭眼收"。显而易见，在研究消费者满意度影响因素时，交互特征不容忽视。特征抽取有两个重要任务，即特征词抽取和特征词归类。LDA模型是一种无监督的学习方法，能在特征抽取时对抽取的特征词进行归类，获取其对应的属性。此方法更适合处理大规模文本语料。因此，此处选用LDA模型来完成特征抽取这项子任务。

第四，特征抽取的结果怎样适用于不同类型平台的情感分析任务？这涉及两个方面：特征抽取的结果对不同类型平台的普适性问题，特征抽取的效率问题。为此，此处采用基于LDA模型的方法构建服装特征词典。特征词典的结构和特征词均建立在对不同类型平台特征抽取的对比分析基础上，因此能运用于后续的不同类型平台的观点挖掘任务中；并且大规模的文本语料为特征词典的构建奠定了基石，能提高特征抽取的查全率和查准率。

因此，与以往大部分研究不同的是，此处的研究主要基于消费体验理论和社会支持理论，通过跨平台在线评论抽取产品特征及交互特征，确定服装在线评论的特征构成框架，并构建跨平台在线评论服装特征词典。

（二）基于图像匹配的跨平台在线评论关联

1. 在线评论数据采集

淘宝网是我国深受欢迎的网络零售平台，女装是淘宝网最热门的商品类目之一。笔者在淘宝网深受用户喜爱的金冠级别的女装店铺中选择了10个店铺（均注册了企业，取得了工商执照），这些店铺同时在社交媒体平台——新浪微博上开通了官方微博，并且各店铺的经营者在淘宝网和新浪微博上均积累了大量的粉丝，具有很强的影响力，微博粉丝与店铺消费者的关联性及转化率较高。此处主要以 10 个女装店铺分别在淘宝网和新浪微博上的在线评论作为研究对象。

于 2017 年 7 月 1 日利用网络爬虫工具分别采集了 10 个店铺及其微博的在线评论相关数据。在淘宝网，共计采集了 2 334 个在售商品的评论信息，包括商品名称、商品图片、买家名称、买家等级、商品评论、评论时间、评价评级等内容，其中商品评论 455 223 条（时间分布在 2017 年 1 月 5 日至 2017 年 6 月 30 日），商品图片 11 007 张，并以此数据集作为网络零售平台研究数据。在新浪微博，采集了 10 个店铺的官方微博的最近半年的博文及评论信息，包括博文内容、博文图片、博文发布时间、评论人、评论内容、评论时间、博文转发数、博文评论数、博文点赞数等内容，其中博文 1 732 条，博文评论 188 725 条（时间分布在 2017 年 1 月 1 日至 2017 年 6 月 30 日），图片 14 116 张，并以此数据集作为社交媒体平台研究数据。采集微博数据时，考虑到后期的研究需要，人工筛选了博文的内容，只选择了发布的图片中只对应一件商品的博文，即一条博文只推荐一件商品。因此排除了一条博文推荐多件商品的情况，以及博文发布的信息与商品无关的情况。数据集特征见表 3–2。

表 3–2 数据集特征

类型	产品/博文数量	评论数量	商品图片数量	平均评论数量	平均评论字数	最长评论字数	最短评论字数	平均商品图片数量
网络零售平台	2 334	455 223	11 007	195.04	22.29	451	2	4.72
社交媒体平台	1 732	188 725	14 116	108.96	9.56	184	0	8.15
合计	3 890	643 948	25 123	——	——	——	——	——

2. 跨平台在线评论关联

（1）图像匹配准备

通过图像匹配技术实现不同类型平台的在线评论的关联。此处所需匹配的图像是由相同的服装企业分别发布在淘宝店铺和官方新浪微博上的商品图片。此次从两个平台上采集的图片中，大部分图片的来源一致，即同一商品的图片通常来自相同的原图，只是在图片的裁剪和像素方面有所区别。采集的淘宝图片多数为 50×50 像素，少数为 50×34 像素，而微博图片统一为 80×80 像素。图像数据集中待匹配的图片像素不大、尺寸差异小，而且相同商品的图片仅存在平移的情况。由此可见，选择基于灰度的匹配算法可以达到良好的效果，且计算速度快。因此，这里采用基于灰度的模板匹配算法作为淘宝商品图片和博文商品图片的匹配方法。

（2）基于灰度的模板匹配算法实现

笔者将淘宝图片（tabao_tupian.xlsx）、淘宝评论（tabao_pinglun.xlsx）、微博主页（weibo_zhuye.xlsx）、微博图片（weibo_tupian.xlsx）和微博评论（weibo_pinglun.xlsx）及其相关信息分别以电子表格的形式存放在电脑 D 盘。另外，以 JPG 格式保存的淘宝图片和微博图片分别存放在相应文件夹里，并汇总保存在电脑 D 盘。根据基于灰度的模板匹配原理，编写模板匹配算法，并借助 MATLAB R2016a 实现基于商品图片的淘宝在线评论和微博在线评论的关联。模板匹配的实现过程见表 3–3。

表 3–3　模板匹配的实现过程

1. 输入数据 aa_weibotupian = importdata（'D:\weibodata\weibo_tupian.xlsx'）; bb_taobaotupian = importdata（'D:\taobaodata\tabao_tupian.xlsx'）; cc_weibozhuye = importdata（'D:\weibodata\weibo_zhuye.xlsx'）; dd_taobaopl = importdata（'D:\taobaodata\tabao_pinglun.xlsx'）; ee_weibopl = importdata（'D:\weibodata\weibo_pinglun.xlsx'）;
2. 图像匹配相似度阈值 Thresh = 0.93.

3. 相应的 cell 矩阵
weibotupian = aa_weibotupian.Sheet1;
taobaotupian = bb_taobaotupian.Sheet1;
weibozhuye = cc_weibozhuye.Sheet1;
taobaopl = dd_taobaopl.Sheet1;
weibopl = ee_weibopl.Sheet1;

4. 图片移动 taobao_img_moving; weibo_img_moving;
5. 图片载入 img_load; save jpg_data tao_cell wei_cell aa_weibotupian bb_taobaotupian cc_weibozhuye dd_taobaoplee_weibopl

6.图片匹配矩阵计算 matric_cal; save mat_data match_score tao_ind wei_ind
7.匹配图片生成 Gen_img;
8.匹配信息表 Basic_xls; xlswrite（'匹配后基本信息.xlsx'，xls_cell）;

其中matric_cal.m为算法的核心部分，用于产生距离矩阵，生成的矩阵的一行对应一个微博图片分别与所有淘宝图片逐一匹配的分数。距离矩阵的实现算法（matric_cal.m）见表3-4。

表3-4 距离矩阵的实现算法

```
matric_cal.m = zeros（length（wei_cell），length（tao_cell）);
for i = 1: length（wei_cell）
p1 = wei_cell{i};
for j = 1: length（tao_cell）
p2 = tao_cell{j};
d_size = size（p2）;
[min_len, min_index] = min（d_size）; % min_len = d_size（min_index）
p1_re = imresize（p1, [min_len min_len]）;
r_arr = zeros（1, d_size（3-min_index）-min_len + 1）;
for k = 1:（d_size（3-min_index）-d_size（min_index）+ 1）
if（min_index == 1）
r_arr（k）= corr2（p1_re, p2（：, k:（k + min_len-1)))；
else
r_arr（k）= corr2（p1_re, p2（k:（k + min_len-1），：))；
end
end
matric_cal.m（i, j）= max（r_arr）;
end
i
end
```

采集来的淘宝商品图片多数为50×50像素，少数为50×34像素，而微博商品图片统一为80×80像素。考虑到采集的淘宝图片为矩形，微博图片为正方形，于是将微博图片的四条边进行同比例缩放，使其边长与淘宝图片的短边相等。把缩放后的微博图片作为模板图，把淘宝图片作为搜索图，然后将模板图在搜索图中进行滑窗匹配，图像匹配相似度阈值设定为 0.93。

（3）图像匹配结果

通过基于灰度的模板匹配算法分别对 10 个店铺的淘宝图片和微博图片进行匹配，为了便于辨识，匹配后输出灰度化处理前的图片，匹配上的两张图片组合成一张图以 JPG 的格式进行保存。

根据上述描述可知，同一个商品对应若干张商品图片，所以需要根据"商品 ID"对匹配后的数据信息进行去重，最后得到评论文本数据集，其中淘宝网的在线评论文本数据集包括 871 个商品的共计 139 153 条评论；新浪微博的在线评论文本数据集包括 1 045 条博文的共计 89 527 条评论。两个评论文本数据集基于"商品 ID"进行关联。跨平台在线评论关联为后续的特征词典建立、网络消费者满意度影响因素分析，以及对比研究奠定了基础。

（三）社交媒体平台在线评论特征抽取

1. 数据预处理

社交媒体平台——新浪微博的在线评论文本数据预处理主要包括评论清洗、分词及词频统计、特征词选择三项任务。

（1）评论清洗

在线评论数据清洗的目的是去噪，以保证数据的准确有效。主要包括：

①过滤内容为空的评论：因本次数据采集的对象不包括微博表情，所以纯表情的评论最后显示内容为空，需要从文本数据集中去除。

②过滤无效评论：有些评论仅为数字、英文或标点符号，属于纯非中文字符，无实际意义，如"6666""！！！""⊙ o ⊙"等。此类内容有用信息很少，对评论文本的主题分析无贡献，所以将其做删除处理。

③过滤重复评论：把博文内容、评论人、评论内容均相同的评论视为重复评论，这种情况出现较多，对词频统计造成较大影响，所以需要予以去除。信息预处理后，保留了 68 322 条评论建立评论数据集等待进一步分析。预处理工作大大降低了数据的噪声。

（2）分词及词频统计

①分句：选取标点符号中的句号、感叹号、问号作为断句标识，对评论文本数据集中的每条评论进行分句处理。

②分词及词性标注：与英文文本不同，中文文本的词与词之间没有明确的分词记号，需要在分析前先将整句切分成词汇，即对评论文本进行分词。在分词阶段，采用中国科学院 ICTCLAS 分词工具，该工具可以进行中文分词、词性标注、关键词提取，分词正确率高达 98.45%，具有不错的分词效果。每一条评论分词后，可以得到一个词向量，其中的每个词都带有词性标记。对服装的一条原始评论"我拍的两件 T 恤，发货好评！哈哈哈，就喜欢这种感觉哈哈"进行分词和词性标注后，得到的内容为"我 /rr 拍 /v 的 /ude1 两 /m 件 /q T 恤 /n_new，/wd 发货 /vi 好评 /n！/wt 哈 /v 哈哈哈 /o，/wd 就 /d 喜欢 /vi 这种 /r 感觉 /n 哈哈 /o"。ICTCLAS 分词工具同时具有新词提取功能，能够抽取评论文本中出现的新词及名词短语，如将"T 恤"作为名词新词"n_new"标注。另外，在评论语料的处理过程中，还会将"阔腿裤""中奖名单""手机刷屏""钱包君"等名词短语也标注为"n_new"。

③停用词过滤：停用词（stop words）指那些在文档中频繁出现但自身意义不明确的词，常见的停用词包括语气助词、连词、介词、冠词等。消除停用词可以减少无意义的词语个数，减少存储空间和后续的运算时间。这里采用哈工大停用词表对评论数据集的关键词表进行了停用词过滤，达到了降维的目的。

④词频统计：在 ICTCLAS 分词工具提取的关键词（含新词）的基础上，借助 SPSS 和 Excel 数据分析工具进行关键词的词频统计，获得了 5 997 个关键词。其中名词 2 096 个、形容词 284 个、动词 1 547 个、副词 43 个。

（3）特征词选择

在主题建模中，名词对特征抽取的贡献最大，因此此处只考虑了名词词性的词汇。通过对评论数据集进行分析，发现在线评论文本中只有少数词语频繁出现，而绝大多数词语出现次数较少，呈现明显的"长尾特征"。保留 2 096 个名词作为社交媒体平台在线评论的初始特征词表 J0。另外，把得到的形容词、动词和副词存储下来，等待下一步分析使用。

2. LDA 模型建模

此处采用吉布斯采样法来实现 LDA 模型的参数估计。该方法易于实现、计算简洁快速、所需内存较小。应用 LDA 模型进行特征抽取，需要确定如下参数：模型的超参数，即 α 和 β；主题数 K；特征词的候选阈值 δ。根据经验取值将超参数设置为 $\alpha = 50/K$，$\beta = 0.01$，$K = 20$，其中 K 为主题数，设置循环迭代次数为 1 000。为了提高建模效率，将特征词的候选阈值设定为 $\delta = 50$，选取高于阈值的 481 个名词。LDA 模型变量及其含义详见表 3-5。

表 3-5 微博评论的主题及特征词分布（部分）

主题一		主题二		主题三		主题四	
粉色	0.500153418	姐	0.485340142	女神	0.492586957	粉色	0.892159646
黑色	0.265689805	姐姐	0.142366442	妈妈	0.393290658	风格	0.028244917
衣服	0.162326817	酒红色	0.097068028	妹妹	0.037511774	少女	0.004934465
红色	0.142433746	沫沫	0.075949075	爸爸	0.022120226	仙女	0.001849642
裙子	0.038103484	姐妹	0.061476418	老公	0.019859246	仙	0.001196638
仙	0.034152472	妹妹	0.05936324	吊带	0.011115163	气质	0.001093487
绿色	0.02742098	买家	0.042062812	气质	0.00951369	女神	0.000276545
灰色	0.022477741	朋友	0.036194319	男朋友	0.005297671	一字领	0.000144625
颜色	0.021699429	社会	0.000174594	女儿	0.004728919	款式	0.000139745
感觉	0.019422448	短裙	0.00000277113	孩子	0.003972818	喜哥	0.0000418942
主题五		主题六		主题七		主题八	
链接	0.273259102	质感	0.949474734		0.553957248	红包	0.684672256
吊牌	0.270294838	版型	0.044565971	衬衣	0.117931745	小伙伴	0.248338526
感觉	0.245724879	肤色	0.003167982	阔腿裤	0.094635583	运气	0.039214871
现货	0.090998322	面料	0.001202646	吊带	0.066017758	剧透	0.017910547
加购	0.061165381	情侣装	0.000878986	胸	0.063474034	中奖	0.007335646
狼宝	0.040125349	裤子	0.000302883	腿	0.052466525	现货	0.002528154
炒鸡	0.012166831	睡衣	0.000267372	套装	0.04265827	停停停	0.000162186
微博	0.006262881	墨绿色	0.00004195	睡衣	0.008846458	机会	0.0000396757
留言	0.000416988	气质	0.000033687	类似	1.23782E-05	福利	0.0000307695
翻牌	0.000409063	连衣裙	0.0000277948	真丝	1.92739E-05	券	0.0000110142

将初始特征词表 J0 及文本数据集 D 导入 MYSQL，通过运算生成 train.htm

文件，将其转化为 ascii 格式，导入 MATLAB 软件。train 文件是实验的重要输入文件，以矩阵形式记录了 481 个特征词在 68 322 条评论中的分布情况。运行 LDA 模型算法，通过吉布斯采样法对所有潜在主题进行循环迭代抽样，最终实现收敛，输出两个矩阵，分别是 α 和 β。α 为文档 – 主题矩阵，每一行对应文本数据集，每一列对应一个主题，元素值代表每个潜在主题生成的概率；β 为主题 – 特征词矩阵，每一行对应词汇表中的一个特征词，每一列对应一个主题，元素值代表某个特征词被分配给相应主题的概率。根据主题 – 特征词多项分布式矩阵产生预选特征词词表 J1。

3. 结果分析

分别选取概率排名靠前的 10 个特征词来解释各个主题。表 3-5 显示的是前 8 个主题，以及这些主题下的前 10 个特征词。

通过 LDA 模型算法识别主题后，需要给各个主题确定标签。笔者邀请了三位电子商务领域的专家，以背靠背的方式，对 LDA 模型运算结果进行了分析和梳理，最后命名了各个主题。8 个主题的标签依次为：服装颜色、社会化关系（朋友）、社会化关系（亲人）、服装风格、信息交互、主要产品属性（包括质量、面料、版型等）、服装款式、社会化促销，除此之外，还有服装搭配、穿着效果、图片展示、社会支持、服装质量、价值体验等。

这些抽取的特征都与消费者的体验和社会支持密切相关。综合而言，特征抽取的结果与网络零售平台基本一致，可以分为两大类：产品特征及交互特征。根据主题抽取的结果进一步细分可以发现，产品特征包括产品体验、服务体验和感知价值三方面；交互特征包括交互体验和社会支持两方面。

对前 8 个主题进行分析，可以看出微博中服装消费者的体验主要集中在以下几个方面。首先，"颜色"是消费者在社交媒体平台最关心的产品体验，属于其中的功能体验特征，另外"款式"等产品特征也受到关注。其次，"社会关系"是消费者在微博中大量提及的交互体验。其中亲疏关系表现出微弱的区别，总体而言，对于网红店主、朋友等较疏远的关系的提及大于对妈妈、爸爸这类亲人的提及。再次，"风格"等产品体验的热度紧随其后，具体属于产品体验中的感官体验。最后，微博中的信息交互和社会化促销等交互体验，也属于女装微博用户的日常热门话题。

二、跨平台在线评论情感计算

（一）问题描述

1. 情感分析和情感计算

（1）情感分析

情感分析，又称评论挖掘或观点挖掘，是指通过分析商品评论的文本内容，发现消费者对于实体及其属性所表达的观点、态度、情感和情绪。其中实体可以是产品、服务、个人、机构、事件或问题等。对于产品而言，属性即为特征。情感分析被应用于多个领域，并有助于实现诸如公众对政治的情绪变化、市场智能、顾客满意度测量和电影销售预测等目标。对在线评论进行语义分析，利用文本挖掘技术、旨在判断消费者的观点是"赞同"还是"反对"，态度是"肯定"还是"否定"，或者识别用户的情感是"高兴"还是"伤悲"。情感分析包括多个子任务，如主观分类、情感分类、确定极性、多/跨语言情感分析、跨领域情感分析、评论有用性测量、词典创建、观点词和产品方面提取、观点垃圾监测，以及观点挖掘的应用。从分析粒度来看，情感分析包括粗粒度（文档级）和细粒度（词语级）两种分析方法。

（2）情感计算

1997年，《情感计算》一书由麻省理工媒体实验室的罗莎琳德·赖特·皮卡德（Rosalind Wright Picard）教授发表，并成为理论界和业界的关注焦点。情感计算的研究对象主要包括语音、面部表情、肢体行为、文本和生理信息。基于文本分析的情感计算，又称文本情感分析，是指利用自然语言处理和文本挖掘技术识别出文本中所带有的情感倾向的过程。这里的情感计算是指基于文本分析的情感计算。可以看出，情感计算属于情感分析，是情感分析的一个子任务。到目前为止，基于情感计算角度的在线评论研究取得了一定的进展。情感计算的结果主要应用于信用评价、网络营销、信息质量、产品与服务优化，以及销售预测。其中，在网络营销领域，学者们通过情感计算研究了产品评价、竞争分析、消费者重购意向和消费者满意度等。但从研究现状来看，在网络消费者满意度方面的研究还不多，相关的模型和理论处于起步阶段，需要进一步深入研究。

2. 研究的主要问题

跨平台在线评论特征词典的构建为此处的情感分析奠定了坚实的基础。通过情感计算可以量化海量真实的评论数据，将非结构化数据转化为结构化数据，十分有助于后续的分析。

网络消费者在评论商品时，经常会具体到属性特征，例如服装的质量、面料、颜色、款式等。其他消费者也会根据评论中反映的细节决定是否购买。"衣服的款式非常好"和"衣服的款式很难看"两条评论都是关于服装款式的评论，但是表达的情感极性和强度不一样，反映出的消费者的产品体验也有差异。前者体现消费者持肯定、满意的观点，而后者体现消费者持否定、不满意的观点。因此，可以假设特征的情感信息会影响到网络消费者的满意度。

对不同类型平台的在线评论进行情感计算，需要明确并解决以下问题：

选择什么方法实现情感极性和强度计算？细粒度分析是对特征观点的词语级的情感极性和强度分析。其中"特征-观点对"抽取是一项重要的子任务，此任务以特征抽取为基础，以观点挖掘为目标。"特征-观点对"抽取是情感计算的基础。在细粒度的情感分析中，基于观点词典的无监督学习方法鲁棒性良好且领域独立，对现有词典进行扩充相对简单易行，有利于算法的扩展和提升，适用于大规模、多领域的实际应用场景，但是人工标注工作耗时耗力。为了解决这一问题，不少学者利用句法依存关系来对观点内容进行抽取和分析。这里也采用这一方法。

（二）基于句法依存关系的情感计算思路及流程

1. 情感计算思路

基于句法依存关系的情感计算思路如下：

（1）建立情感词典

基于知网 HowNet 情感词典构建通用情感词典，并确定情感词的权值；运用知网提供的语义相似度计算公式，计算在线评论中的形容词、动词和副词与种子词之间的点互信息（PMI），从而扩展通用情感词典；根据服装产品评论的特性，构建领域情感词典。

(2）抽取"特征－观点对"

在跨平台在线评论特征词典的基础上，基于句法依存关系和情感词典从在线评论语句中抽取"特征－观点对"。哈尔滨工业大学社会计算与信息检索研究中心的语言技术平台提供了技术支撑。

（3）计算情感极性和强度

在"特征－观点对"的基础上，结合情感词权值，确定在线评论特征的情感值。情感极性和强度计算为网络消费者满意度影响因素的实证研究奠定了基础。

2. 情感计算流程

基于句法依存关系的情感计算流程如图3-4所示。

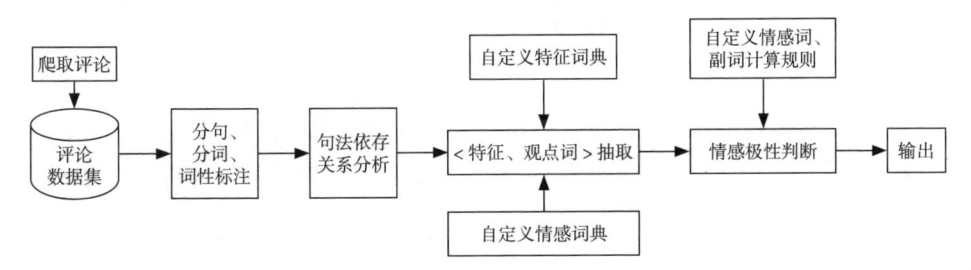

图3-4 基于句法依存关系的情感计算流程

（三）社交媒体平台在线评论的情感计算

社交媒体平台在线评论情感计算，主要由情感词典建立、"特征－观点对"抽取、情感极性和强度计算三个主要环节构成，具体描述如下：

1. 情感词典的建立

（1）通用情感词典构建

鉴于知网HowNet情感词典具有词语众多、覆盖面广、分类准确等优点，笔者将基于该词典构建社交媒体平台的通用情感词典。对HowNet词典中的情感词语集和评价词语集进行整理，删除生僻和不常用的词项，得到正面和负面情感词分别为2 616个和2 445个。消费者在网络评论的情感表达中会使用程度副词和否定副词，如通过"非常""超级""较""稍微"等程度副词强调情感强度；通过"不""没有""缺乏"等否定副词改变情感极性。因此，这里也将情感副词纳入通用情感词典，用来计算情感强度。

为了进一步突出不同词语所包含的情感差别，这里对通用情感词典中包含的词语赋予不同的权值。

提取的形容词、动词和副词与通用情感词典进行比对，发现仍有一部分词语没有出现在词典中。根据经验从通用情感词典中分别选取最具代表性的一组褒义词和一组贬义词作为种子词。运用知网提供的语义相似度计算公式，计算未进入词典的词语与种子词之间的点互信息（PMI）。根据计算结果判断是否为情感词，如是情感词则确定情感倾向，并将新增词纳入正面或负面扩展情感词典中。

（2）领域情感词典构建

同一个情感词在不同的语境下可能表达不一样的褒贬含义。相同的词在评价不同的特征时可能呈现截然相反的情感极性，在新浪微博的在线评论中，"妖艳"用于评价颜色时表达贬义的观点，但用于评价风格时则表达褒义的观点。同时，同一个词在评价相同的特征时也可能呈现不同的评价结果。因此，笔者针对服装领域加入了具有情感特性的先验知识，以提升情感分类效果。在具体分析时，领域情感词典优先级高于通用情感词典。

2. "特征－观点对"抽取

这里在跨平台在线评论特征词典 L 的基础上，基于依存句法（DP）从包含特征词的句子中抽取"特征－观点对"。采用哈尔滨工业大学社会计算与信息检索研究中心的语言技术平台（LTP）提供的依存句法分析工具对经过预处理的在线评论语句进行分析，得到评论语句的句法关系。

DP 通过分析语言单位内成分之间的依存关系揭示其句法结构。直观来讲，依存句法分析识别句子中的"主谓宾""定状补"这些语法成分，并分析各成分之间的关系。依存句法分析包括 15 种标注关系。根据上述依存关系抽取标记情感词。"特征－观点对"的抽取主要是参照并改进陆浩等提出的情感倾向性分析模型完成的。

3. 情感极性和强度计算

情感极性和强度计算的步骤如下：

（1）在"特征－观点对"中识别特征词及对应的情感词

（2）在第一步的结果中计算情感词的权值，正面为 weight1 = 1，负面为 weight1 = –1

（3）接着识别程度副词，如存在则根据通用情感词典的赋值记权值 weight2，不存在则记 1

（4）进一步识别否定副词，如存在则记权值 weight3 = –1，不存在则记 1

（5）计算特征的极性强度为 weight1 × weight2 × weight3

（6）计算整体的均值代表该商品特征的极性强度，得到网络消费者对每个特征的情感值，正数表示积极的评价，负数表示消极的评价

通过情感计算得到所有博文的在线评论的特征情感值，示例见表 3–6。

表 3–6　单条博文的在线评论特征情感值计算结果示例

变量	情感值	变量	情感值	变量	情感值
颜色	0.281690	风格	0.211267	图片信息	0.169014
尺码	0.028169	搭配	0.577464	评论	0.143661
款式	0.422535	物流	0.011268	沟通	0.140845
版型	0.076056	客服	0.005633	社会化促销	0.769014
质量	0.067606	价格	0.056338	信任	0.346478
面料	0.112676	价值	0.022535	推荐	0.098591
做工	0.0197183	朋友	0.346478		
穿着效果	0.507042	亲人	0.239436		

三、跨平台网络消费者满意度影响因素研究

（一）问题描述

研究不同类型平台的网络消费者满意度影响因素，需要在本部分完成以下三个任务：度量网络消费者满意度；实证分析网络消费者满意度的影响因素构成及影响程度；不同类型平台的网络消费者满意度影响因素的异同及原因。

为了顺利完成以上三个任务，需要明确并解决以下问题。

第一，如何度量网络消费者满意度？网络消费者满意度是一个相对抽象的概念，选择什么指标来代替网络消费者满意度是一个重要问题。一般认为，如果网络消费者对商品或服务较为满意，会在评价中给出好评，进一步促进销量

增长；在社交媒体（如微博）中对感兴趣、满意的商品推荐，会做出转发、评论、点赞等社会化行为。由此可见，销量对网络消费者满意度具有一定的代表意义。因此，本部分选择销量、评价评级、转发数、评论数和点赞数共计5个指标来进行综合测评，以求得到更为全面客观的结论。其中，网络零售平台的分析中将销量、评价评级分别作为因变量，社交媒体平台的分析中将销量、转发数、评论数和点赞数分别作为因变量。在销量的选择上，将其取值设定为商品上架后第2个月的销量。销量应是实时数据，但为了避免数据过于稀疏和商品下架带来数据失效等问题，这里选择以月为单位，即假设上一个月的评论信息会影响下一个月的销量。研究样本中，商品上架一个月内的评论数量（淘宝评论和博文评论）相对充足，在分析前需要剔除掉一个月后产生的评论，以消除噪声。另外，在评价评级的取值方面，按商品采用加权平均的方法计算分值。转发数、评论数和点赞数的取值根据微博博文页面出现的实际数据确定。

第二，如何确定基于在线评论文本数据分析网络消费者满意度影响因素的研究方法？运用SPSS软件对数据进行多元线性回归分析，采用逐步回归方法实现对显著影响变量的筛选。一方面可以去除不显著的影响变量；另一方面可以在一定程度上解决变量间的多重共线性问题。

（二）网络零售平台网络消费者满意度影响因素研究

1. 变量描述及测量

将影响因素细化为22个特征变量，相关测量见表3-7。

表3-7　相关变量的测量（网络零售平台）

变量	测量	计量指标
销量	每个商品上架后第2个月的销量	非负整数
评价评级	淘宝网中每一个商品评价的好中差评的量化分值	取值范围：[-1, 1]
颜色、尺码、款式、版型、质量、面料、做工、穿着效果、风格、搭配、物流、客服、价格、价值、朋友、亲人、图片信息、评价、沟通、社会化促销、信任、推荐	针对在线评论文本抽取特征，基于依存句法和情感词典抽取"特征-观点对"，并进一步进行情感计算确定	根据各个特征项的情感极性和强度确定情感值。取值范围：[-2, 2]

表 3-7 中前 2 个变量是用来衡量网络消费者满意度的变量，属于因变量。其中，销量可以从店侦探网站提供的商品销售情况跟踪工具获取；评价评级可以通过对淘宝网每一个商品评价的好中差评数量进行加权转换获取。另外 22 个变量属于隐含在评论文本中的自变量，需要通过情感分析的方法量化获得。各变量的分布情况描述如下：

（1）销量分布情况

综合考虑各种实际因素，将每个商品上架后第 2 个月的销量作为因变量。商品上架后第 2 个月的销量分布情况如图 3-5 所示。从图中可以看出，销量分布在 0～1 000 区间比例最高，在 2 001 以上区间比例最低，呈现明显的左偏分布态势。在后面的回归分析中对其取自然对数计算。

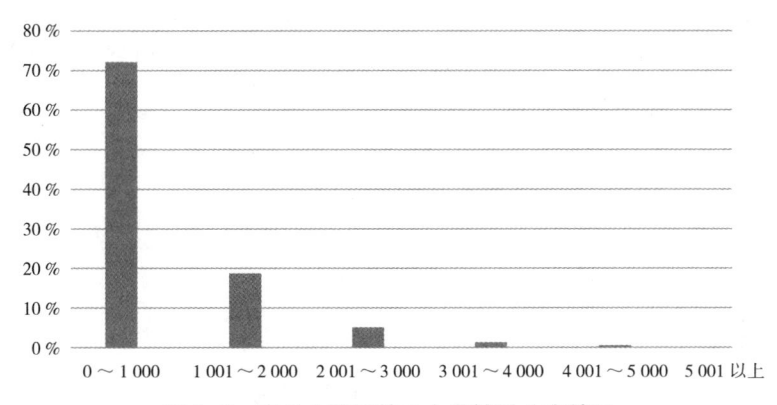

图 3-5　商品上架后第 2 个月销量分布情况

（2）评价评级分布情况

评价评级表示消费者在网络购物后，对产品和服务等方面进行的一个整体等级评价，能在一定程度上反映消费者的满意度。淘宝网的评价评级设定为好评、中评、差评三个等级，可以直接在商品评论页面观察到，分别按各个评价等级汇总评论数，如某一商品累计评论 146 个，其中 143 个好评，1 个中评，2 个差评。以图像匹配后获得的淘宝网评论数据集为研究对象，其整体评价评级分布情况如图 3-6 所示。消费者对商品的好评比例很高，占全部评价的 98.62 %，中评最少，占比 0.40 %，整体呈现典型的 J 型分布，与已有研究成果一致。

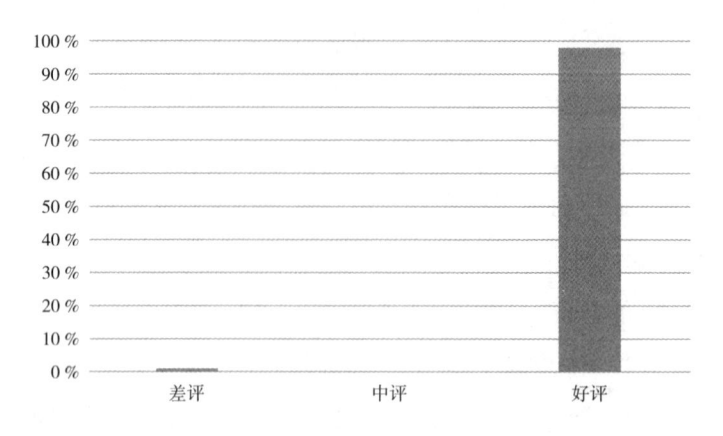

图 3-6　评价评级分布情况

为了将评价评级进行量化，需要确定各个等级的分值。参照淘宝网的评价积分规则，"好评"记"+1"，"中评"记"0"，"差评"记"-1"。对于每一个商品采用加权平均方法计算评价评级分值，见公式3-5。根据此方法计算得到上述示例商品的评价评级得分为 0.9658。

$$\bar{X} = \frac{m_1 x_1 + m_2 x_2 + \cdots + m_i x_i}{n}$$

（式 3-5）

其中：$m_1 + m_2 + \cdots + m = n$；$i = 1, 2, 3, \cdots, i$

（3）评论特征分布情况

通过网络爬虫抓取的在线评论，是使用自然语言以文本形式表达的体验、意见或评价，具有数量巨大、非结构化、内容复杂等特点。从网络口碑文本中挖掘出消费者观点显得十分有意义，但也具有挑战性。运用 LDA 模型完成评论特征的抽取，并基于同义词词林实现特征的归并和特征词的拓展，得到在线评论特征词典 L。特征词典的建立为评论特征的情感分析奠定了坚实基础。在线评论中的特征项及特征词的抽取情况见表 3-8。在"特征–观点对"的抽取环节能有效合并特征词，达到降维的效果，从而提高数据分析处理的效率。

表 3-8　在线评论特征项及特征词（部分）

特征项	典型特征词
质量	质量、品质、质地、质感、品位、水准
面料	面料、料子、衣料、布料、毛料、材质、手感、坠感、弹性、舒适度
物流	物流、发货、速度、发货速度、时间、快递、包装、包裹、顺丰、圆通
价值	价值、性价比、物超所值、物有所值、物美价廉、档次
价格	价格、价、价位、价钱、标价、定价、原价、差价、折扣
推荐	推荐、放心购买、介绍朋友、建议购买、值得购买、口碑、值得入手

在数据整理时发现，网络零售平台的评论数据集中各个特征项的提及频率不尽相同，评论特征分布情况如图 3-7 所示。其中，特征项的提及率是指提及某特征项的评论数量与总评论数量的比值。可以看出，热门的评论特征包括颜色、质量、面料、评论等。但是否消费者提及较多的特征都对网络消费者满意度存在显著影响呢？这个问题需要在后面进一步分析。

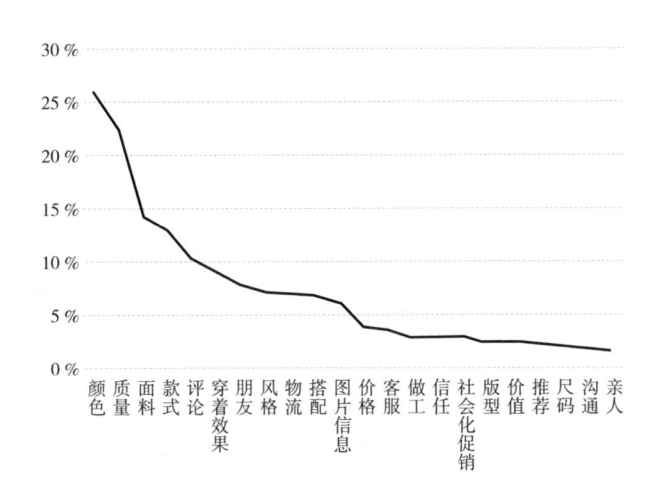

图 3-7　网络零售平台的评论特征分布情况

在网络零售平台，分别确定每个商品的各个变量值，建立数据样本。描述性统计见表 3-9。

表 3-9　样本数据的描述性统计（网络零售平台）

	Obs.	Mean	S.D.	Min	Max
Ln（销量）	871	4.6069	1.8899	0.0000	8.5545
评价评级分值	871	0.9794	0.0230	0.8957	1.0000
颜色情感值	871	0.2027	0.1231	0.0061	0.9388
尺码情感值	871	0.0297	0.0296	−0.1067	0.1880
款式情感值	871	0.1184	0.0435	0.0602	0.4056
版型情感值	871	0.0286	0.0363	−0.1396	0.2514
质量情感值	871	0.2689	0.1994	−0.3478	1.1908
面料情感值	871	0.1596	0.1004	−0.1739	0.6197
做工情感值	871	0.0499	0.0552	−0.1246	0.3164
穿着效果情感值	871	0.1225	0.0719	−0.1231	0.7116
风格情感值	871	0.1407	0.1912	0.0229	0.7026
搭配情感值	871	0.0881	0.0972	−0.0696	0.5634
物流情感值	871	0.0112	0.1444	−0.6006	0.8180
客服情感值	871	0.0125	0.0411	−0.1739	0.1897
价格情感值	871	0.0302	0.0358	−0.1739	0.1690
价值情感值	871	0.0567	0.0384	−0.2087	0.2690
朋友情感值	871	0.1147	0.0685	−0.1043	0.5070
亲人情感值	871	0.0377	0.0286	−0.0348	0.1975
图片信息情感值	871	−0.0104	0.0462	−0.2817	0.2212
评论情感值	871	0.0492	0.0198	0.0301	0.1690
沟通情感值	871	0.0334	0.0349	−0.1091	0.2716
社会化促销情感值	871	0.0492	0.0481	−0.1231	0.3200
信任情感值	871	0.0607	0.0573	−0.3130	0.2817
推荐情感值	871	0.0388	0.0289	−0.1043	0.1690

2. 多元线性回归分析

在网络零售平台的分析中分别将销量的自然对数和评价评级分值作为因变量，将 22 个特征项的情感值作为自变量，共获得 24 个参数，参数的设定见表 3-10。

表 3-10 参数编号

参数编号	参数说明	参数编号	参数说明	参数编号	参数说明
Y1	Ln（销量）	X7	做工情感值	X15	朋友情感值
Y2	评价评级分值	X8	穿着效果情感值	X16	亲人情感值
X1	颜色情感值	X9	风格情感值	X17	图片信息情感值
X2	尺码情感值	X10	搭配情感值	X18	评论情感值
X3	款式情感值	X11	物流情感值	X19	沟通情感值
X4	版型情感值	X12	客服情感值	X20	社会化促销情感值
X5	质量情感值	X13	价格情感值	X21	信任情感值
X6	面料情感值	X14	价值情感值	X22	推荐情感值

采用多元线性回归分析"特征-观点"对网络消费者满意度的影响。回归模型见公式 3-6。

$$Y_i = \alpha_i + \sum_{j=1}^{22} \beta_j X_j + \varepsilon_i$$

（式 3-6）

其中 Y_i（$i = 1, 2$）为被解释变量（也称为因变量），X_j（$j = 1, 2, \cdots, 22$）为解释变量（也称为自变量），α_i（$i = 1, 2$）为常数项，β_j（$j = 1, 2, \cdots, 22$）为偏回归系数，ε_i（$i = 1, 2$）为相互独立且服从同一正态分布 $N(0, \sigma_2)$ 随机误差项。

运用 SPSS19.0 统计软件分析数据。考虑到并不是所有的自变量（评论特征）都对因变量有显著的影响。在多元线性回归分析中，采用逐步回归方法实现对显著影响变量的筛选。SPSS 软件中常用的逐步回归方法有 5 种，在自变量进入模型方法中的选项包括：进入（Enter）、向前（Forward）、向后（Backward）、逐步回归（Stepwise）和删除（Remove）。一方面可以去除不显著的影响变量；另一方面可以在一定程度上解决变量间的多重共线性问题。向前法的基本思路是依次纳入最重要的候选自变量，而向后法是依次剔除最不重要的候选变量。逐步回归选项是将向前法和向后法结合起来筛选自变量的方法，最终将 P 值最小且有统计学意义的自变量引入模型。因此，将选项设定为逐步回归，在选项中选择使用 F 的概率，默认值为进入 0.05、移除 0.10。

一是将 Ln（销量）作为因变量导入 SPSS 统计软件，经分析处理后，得到的结论见表 3-11 和表 3-12。

表 3-11 拟合优度检验 I

模型	R	R 方	调整 R 方	标准估计的误差
9	0.965	0.931	0.925	0.008

表 3-12 回归系数显著性检验 I

变量	参数编号	非标准化系数 B	Std.Error	标准化系数 Beta	t	Sig.
常量		2.174	0.163		54.729	0.000
价值情感值	X_{14}	0.716	0.052	0.827	11.670	0.000
穿着效果情感值	X_8	0.527	0.045	0.715	7.825	0.000
面料情感值	X_6	0.590	0.047	0.772	3.442	0.001
价格情感值	X_{13}	0.406	0.059	0.501	2.778	0.009
物流情感值	X_{11}	0.227	0.030	0.329	3.973	0.011
推荐情感值	X_{22}	0.265	0.055	0.357	2.715	0.020
朋友情感值	X_{15}	0.133	0.043	0.195	2.197	0.028
客服情感值	X_{12}	0.074	0.021	0.099	2.301	0.039
信任情感值	X_{21}	0.021	0.089	0.034	2.068	0.047

注：F = 82.112，对应的概率 $p < 0.001$。

表 3-11 显示，调整 R 方为 0.925，自变量可以解释因变量 92.5% 的变化，模型的拟合优度良好。回归模型为：

$$\hat{Y}_1 = 0.772X_6 + 0.715X_8 + 0.329X_{11} + 0.099X_{12} + 0.501X_{13} \\ + 0.827X_{14} + 0.195X_{15} + 0.034X_{21} + 0.357X_{22}$$

（式 3-7）

对回归模型整体显著性的检验，相应的假设为：

$$H_0: \beta_1 = \beta_2 = \cdots = \beta_{22} = 0 \ (H_1: 各 \beta 不全等于 0) \qquad (式 3-8)$$

对回归方程进行 F 检验，F 统计量对应的概率 $p < 0.001$，拒绝原假设。说明至少一个自变量的回归系数不等于 0，所建立的回归方程有统计学意义。因此，从整体水平上，自变量与因变量之间有显著的线性关系。

对各个回归系数的显著性检验（t 检验）结果显示：自变量 X_{14}、X_8、X_6 的系数检验的 P 值均小于 0.001，说明这几个自变量对因变量的影响显著；自变量 X_{13}、X_{11}、X_{22}、X_{15}、X_{12}、X_{21} 的 P 值小于 0.05，说明这几个变量对因变量的影响较为显著。

二是将评价评级分值作为因变量导入 SPSS 统计软件，经分析处理后，得到的结论见表 3-13 和表 3-14。

表 3-13　拟合优度检验 II

模型	R	R 方	调整 R 方	标准估计的误差
6	0.951	0.904	0.899	0.014

表 3-14　回归系数显著性检验 II

变量	参数编号	非标准化系数 B	Std.Error	标准化系数 Beta	t	Sig.
常量		0.274	0.142		39.561	0.000
质量情感值	X_5	1.016	0.021	1.085	13.755	0.000
物流情感值	X_{11}	0.645	0.015	0.720	6.682	0.000
朋友情感值	X_{15}	0.309	0.009	0.455	2.897	0.000
价格情感值	X_{13}	0.394	0.029	0.304	3.978	0.019
做工情感值	X_7	0.257	0.015	0.381	2.411	0.024
推荐情感值	X_{22}	0.158	0.056	0.166	2.120	0.035

注：F 统计量 = 101.635，对应的概率 $p < 0.001$。

表 3-13 显示，调整 R 方为 0.899，自变量一共可以解释因变量 89.9% 的变化，模型的拟合优度良好。回归模型为：

$$\hat{Y}_2 = 1.085X_5 + 0.381X_7 + 0.720X_{11} + 0.304X_{13} + 0.455X_{15} + 0.166X_{22} \qquad (式 3-9)$$

对回归模型进行F检验，F统计量对应的概率$p < 0.001$，拒绝原假设。说明至少一个自变量的回归系数不等于0，所建立的回归模型有统计学意义。因此，从整体水平上，自变量与因变量之间有显著的线性关系。

对各个回归系数的显著性检验（t检验）结果显示：自变量X_5、X_{11}、X_{15}的系数检验的P值均小于0.001，说明这几个自变量对因变量的影响十分显著；自变量X_{13}、X_7、X_{22}的P值均小于0.05，说明这几个变量对因变量的影响较为显著。

3. 结果分析

表3-13显示，以Ln（销量）代表网络消费者满意度时，9个变量进入回归模型，分别为价值情感值（Beta = 0.827）、面料情感值（Beta = 0.772）、穿着效果情感值（Beta = 0.715）、价格情感值（Beta = 0.501）、推荐情感值（Beta = 0.357）、物流情感值（Beta = 0.329）、朋友情感值（Beta = 0.195）、客服情感值（Beta = 0.099）、信任情感值（Beta = 0.034）。各变量均与网络消费者满意度呈现显著线性正相关。从标准化回归系数可以看出，价值情感值对网络消费者满意度的影响最大，信任情感值对其影响最小。

以评价评级分值代表网络消费者满意度时，6个变量进入回归模型，分别为质量情感值（Beta = 1.085）、物流情感值（Beta = 0.720）、朋友情感值（Beta = 0.455）、做工情感值（Beta = 0.381）、价格情感值（Beta = 0.304）、推荐情感值（Beta = 0.166）。各变量均与网络消费者满意度呈现显著线性正相关。从标准化回归系数可以看出，质量情感值对网络消费者满意度的影响最大，推荐情感值对其影响最小。

4. 讨论与结论

通过对网络零售平台的消费者满意度的分析结果进行整理，可以得到以下结论：

第一，整体而言，产品特征对服装网络消费者满意度的影响大于交互特征。在以Ln（销量）为因变量的分析中，影响作用位列前四的因素均为产品特征因素（价值情感值、面料情感值、穿着效果情感值和价格情感值）；在以评价评级分值为因变量的分析中，影响作用位列前二的因素也为产品特征因素

（质量情感值和物流情感值），第三个为交互特征因素（朋友情感值）。

第二，对于服装网络消费者满意度而言，质的因素（如质量、面料、价值）的影响大于价的因素（价格），结论与国内外学者一致。以往的研究发现，决定消费者满意度的因素往往是产品质量而不是产品价格。研究发现，在网络零售平台，服装的质量、面料和价值（性价比）对网络消费者满意度的影响大于价格，结论进一步拓展了学者们的研究发现。

第三，网络零售平台消费者提及最多的"颜色"这一特征，没有出现在影响因素之列。这一结果说明在线评论中消费者提及最多的产品特征并不一定对他们的满意度影响最大。颜色是服装产品的重要属性，消费者在在线评论中不可避免地大量提及，但这并不是他们十分重视的环节。

第四，相对而言，朋友情感值、信任情感值和推荐情感值3个交互特征因素对网络消费者满意度产生正向影响。

（四）跨平台网络消费者满意度影响因素的对比分析

跨平台网络消费者满意度的影响因素情况，见表3-15。

表3-15　跨平台网络消费者满意度影响因素对比

影响因素权重排序	网络零售平台		社交媒体平台		
	Ln（销量）	评价评级分值	Ln（销量）	Ln（评论数）	Ln（点赞数）
1	价值 0.827***	质量 1.085***	搭配 1.143***	信任 0.928***	颜色 0.035*
2	面料 0.772**	物流 0.720***	朋友 0.920***	社会化促销 0.773***	图片信息 0.017*
3	穿着效果 0.715***	朋友 0.455***	社会化促销 0.857**	颜色 0.435***	
4	价格 0.501*	做工 0.381*	款式 0.782***	穿着效果 0.218*	
5	推荐 0.357*	价格 0.304*	亲人 0.451**	价格 0.019*	
6	物流 0.329*	推荐 0.166*	信任 0.265*		
7	朋友 0.195*		质量 0.062*		
8	客服 0.099*				
9	信任 0.034*				

注：***$p < 0.001$；**$p < 0.01$；*$p < 0.05$。

1. 跨平台网络消费者满意度影响因素对比分析

（1）基于以销量为因变量的结果对比

以销量代表网络消费者满意度的回归分析结果显示，总体而言，网络零售平台和社交媒体平台的满意度影响因素均包括产品特征因素和交互特征因素。在服装在线评论的特征构成框架中，共计 11 个子特征和 22 个特征项。实证表明，其中的 10 个子特征中的 14 个特征项对网络消费者满意度存在正向影响，影响因素众多。唯一没有表现出显著影响的子特征是"信息交互"。虽然两个平台在整体上表现出相似性，但是仍存在着一定的差别。网络零售平台的满意度影响因素更侧重于产品特征因素，如感知价值（价值、价格）、质量体验（面料）、感官体验（穿着效果）、感知便利（物流）；社交媒体平台的满意度影响因素更侧重于交互因素，如社会关系（朋友、亲人）、社会化促销、信任。

以上对比说明了几个问题。第一，在不同类型的平台，产品特征因素和交互特征因素均能对网络消费者满意度产生影响。第二，因为特点和作用不同，不同类型的平台能从不同方面影响满意度水平。在网络零售平台，消费者更关注产品体验、服务体验和价值体验，产品"质"的因素十分重要；在社交媒体平台，消费者更能从交互体验和社会支持中得到愉悦和满足，"朋友""信任""社会化促销"能有效提升满意度并促进购买。第三，具体的影响因素存在差异。在网络零售平台，"推荐"和"信任"等社会支持能有效起到辅助作用；在社交媒体平台，"搭配"这种感官体验也能起到十分重要的影响作用。需要具体问题具体分析，通过比较异同，明确重点，发挥优势，促进整体网络消费者满意度的提升。

（2）基于以评价评级或评论数、点赞数为因变量的结果对比

评价评级是网络零售平台的代表性指标，转发数、评论数和点赞数是社交媒体平台的代表性指标，均能在一定程度上反映网络消费者的满意度水平。以代表性指标替代网络消费者满意度的回归分析结果显示，总体而言，网络零售平台和社交媒体平台的满意度影响因素均包括产品特征因素和交互特征因素。这一结论与以销量代表网络消费者满意度的分析一致。10 个子特征中的 11 个

特征项对网络消费者满意度存在正向影响,影响因素很多,但较之以销量为代表的分析减少了3个。"信息交互"仍然没有表现出显著影响。两个平台的差别在于,网络零售平台的满意度影响因素更侧重于产品特征因素,社交媒体平台的满意度影响因素更侧重于交互因素。这一结论也与以销量为代表的分析结果一致。基本能得出与以销量为代表的分析一致的结论。

基于在线评论的网络消费者满意度影响因素分析中,以销量为因变量的回归模型拟合更优,影响因素在网络零售平台和社交媒体平台分别能解释因变量92.5%和91.3%的变化。以评价评级或评论数为因变量的回归模型的拟合优度次之,分别解释因变量89.9%和90.2%的变化。以点赞数为因变量的回归模型的拟合优度一般,以转发数为因变量的分析没有得到拟合模型。

2. 研究结论

对比研究网络零售平台和社交媒体平台的网络消费者满意度影响因素,有助于发现不同类型平台的差异性和相似性。

(1)网络零售平台和社交媒体平台的消费者满意度影响因素的差异性

第一,质量体验(质量、面料)、感知价值(价值)、感知便利是影响网络零售平台消费者满意度的主要因素;而功能体验(款式)、社会化促销、信任是影响社交媒体平台消费者满意度的主要因素。在网络零售平台,消费者更关注质量体验、感知价值和感知便利,其中产品"质"的因素十分重要。研究显示,质的因素的影响大于价的因素,这一结论与国内外学者得出的"决定消费者满意度的因素往往是产品质量而不是产品价格"一致,并将质的因素从"质量"扩展到"质量""面料""价值"等,进一步充实了相关研究结果。"物流"这一感知便利因素显著影响网络消费者满意度,说明发货时间、发货速度、服务质量和邮费直接影响消费者的满意度水平。与此不同,在社交媒体平台,消费者更能从社会化促销和信任中得到愉悦和满足,能有效提升满意度并促进购买。另外,"款式"这一功能体验因素也具有显著影响效果。主要影响因素的差异性需要引起B2C电商企业的重视,从而在跨平台经营时做到区别对待。

第二,功能体验(颜色、款式)、社会化促销不是影响网络零售平台消费者满意度的显著因素;而感知便利、感知响应和推荐不是影响社交媒体平台消费者满意度的显著因素。在网络零售平台和社交媒体平台，对网络消费者满意度影响不显著的因素各有不同，需要进行甄别，避免资源浪费。

（2）网络零售平台和社交媒体平台的消费者满意度影响因素的相似性

第一，感官体验（如穿着效果、搭配）和社会关系（如朋友等）对两类平台的消费者满意度均产生显著影响。说明在两类平台不仅要注重服装的穿着效果和搭配等感官体验，而且要关注朋友的推荐和社会关系影响作用，结果显示，朋友对网络消费者满意度的影响大于亲人对满意度的影响。

第二，"信息交互"对两类平台的消费者满意度均不产生显著影响。在网络销售平台和社交媒体平台上，信息交互所包含的"评论""沟通""图片信息"等特征项都没有被证实是网络消费者满意度的显著影响因素。在一定程度上说明虽然消费者在两类平台上参与活跃，但信息交互的广度和深度不够，消费者在价值共创中的主体地位仍不突出。

通过对比研究的结论可以看出，B2C 电子商务企业尝试融合网络零售平台和社交媒体平台进行商品销售，期望通过多平台联动提高服务水平，但是现阶段社交电商的发展状况仍然不够系统深入，未能充分调动产品特征因素和交互特征因素的作用。本部分的研究结论能对 B2C 电子商务企业的科学经营决策提供指导；对网络零售平台和社交媒体平台提供参考，从而更有针对性地设置页面推荐和文字标签；为网络消费者作出理性购物决策提供依据；为同领域研究者提供研究方法和理论参考。

3. 原因分析

通过对比研究发现，不同类型平台的网络消费者满意度影响因素的差异性显著。对差异性和相似性的形成原因进行分析，有助于更好地了解用户的网络消费行为，为电子商务企业进行差异化营销提供参考。

（1）网络消费行为的特点

随着网络消费者的需求和行为不断更迭变化，网络零售已逐渐从以价格为导向转向以品质为导向，网络消费者从追求产品功能的单一需求转向产品、娱乐和社交并重的多元需求。

伴随着物质生活质量的极大改善和网络零售的不断推进，消费者对产品品质提出了更高的要求。近年来，普通消费者对服装等体验型产品购买频次大幅增加，甚至出现过度消费现象。另外，网络消费市场正经历着假货、山寨品、劣质品与正品的竞争与淘汰过程，消费者的网络购物经验日益丰富，产品质量鉴别能力和维权意识提升。"七天无理由退换货"等服务为消费者的网络消费行为提供了保障。因此，在网络零售平台，消费者十分关注产品"质"的因素，"质量""面料""价值"等因素对网络消费者满意度的影响大于价格的影响。

服装是典型的时尚消费品，潮流趋势的快速变化使得消费者对感官体验的需求十分突出。消费者普遍认为，时尚性和流行性是评价服装的重要标准。大多数消费者存在明显的"从众心理"，乐于通过网络平台掌握流行趋势和动态。随着网络信息的泛滥，新型网红店主的服装穿搭技巧和推荐成为网络服装消费者的最佳选择。网络零售平台和社交媒体平台都为服装展示、搭配分享、视频直播提供了多样选择、为感官刺激提供了便利，消费者自身的穿着效果也成为有效补充。因此，感官体验（如穿着效果、搭配）对两类平台的消费者满意度均产生显著影响。

在体验经济时代，网络消费者更加注重社交的需求，朋友和亲人的社会关系能影响满意度水平。在非面对面交易模式下，消费者迫切希望通过各种渠道了解产品信息。相比于亲人，网络消费者通过虚拟空间能接触更多朋友，他们分布范围广、经历相似、意见相对客观，成为消费者进行决策的重要信息来源和情感支撑。因此，社会关系对两类平台的消费者满意度均产生显著影响，其中朋友关系的影响大于亲人关系的影响。

（2）不同类型平台的特点

网络零售平台更侧重于网络销售功能，其非面对面的交易模式使物流等感知便利因素成为重要评价环节；社交媒体平台更侧重于社交功能，其社会交互程度受制于信任水平。

现阶段，物流和信任分别是网络零售平台和社交媒体平台亟待解决的环节。物流的发货速度、服务质量和物流成本是影响网络零售平台的消费者满意度的重要因素。另外，普遍使用的预售形式因为延期发货进一步加重了物流的压力。目前，各大电商平台已意识到物流是电商发展的瓶颈，纷纷积极建设物流体系。如阿里巴巴和菜鸟网络布局"新物流",努力打造全球领先的物流网络；京东立足"无界物流"提供一体化的供应链服务,实现海量商品即想即得,物流时效以"分钟"计量。中国的物流建设虽然初有成效,但离消费者十分满意仍有一定差距。同时,信任是影响社交媒体平台的消费者满意度的重要因素。消费者在社交媒体平台发表在线评论,一般不需要实名认证,因此信息质量良莠不齐,虚假信息、信息泄露等现象的出现,导致在该类平台上人与人之间缺乏信任。诚信体系建设对社交媒体平台而言至关重要。因此,物流和信任分别是网络零售平台和社交媒体平台消费者满意度的显著影响因素。

社交媒体的交互性为消费者功能体验提供了便利,成为影响社交媒体平台消费者满意度的主要因素之一。社交媒体在制造话题、增强互动方面具有天然的优势,能够紧随潮流实时发布服装款式信息,从而吸引消费者的关注,并为消费者提供心理满足感。因此,功能体验(款式)是影响社交媒体平台消费者满意度的主要因素之一。

(3) B2C 电子商务企业经营的特点

新零售背景下,B2C 电子商务企业积极尝试社交电商经营模式,通过多平台联动辅助全渠道营销。企业期望通过整合网络零售功能和社交媒体功能,以提升消费者满意度并促进购买。

社会化促销是影响社交媒体平台消费者满意度的主要因素。目前,社交媒体平台成为企业开展社交电商的主战场。为了吸引消费者关注并提高黏性,B2C 电子商务企业在社会化促销方面投入大量的人力、物力和财力,在一定程度上激发了社交媒体的活力,消费者参与频繁,效果明显。因此,社会化促销严重影响社交媒体平台消费者满意度。

然而,"信息交互"对两类平台的消费者满意度均不产生显著影响。这一现象的原因应该与用户参与度有关。在现有"网红经济"模式下,网红店铺是讨论话题的制造者,消费者虽然是网络口碑的源头,但网红店主是意见领袖,在一定程度上限制了信息交互的广度和深度。比如,网红店铺通常会在新浪官方微博设置"非好友不可以评论我的微博",只有在相互关注是好友关系的情况下才能评论,而相互关注是以交易为前提。消费者的主导地位没有得到充分体现。因此，信息交互对两类平台的消费者满意度均不产生显著影响。

总体而言，以上三个方面相互影响，相互促进，共同成为不同类型平台的网络消费者满意度影响因素的差异性和相似性的基础。

（五）对策和建议

通过对比研究网络零售平台和社交媒体平台的消费者满意度影响因素，得到了不同类型平台的差异性和相似性，为B2C电子商务企业的多平台联动提供决策依据，具有一定的实践价值。基于研究发现，进一步提出了对策及建议。

1. 构建社交电商全过程购物体验

数字化浪潮正在重新定义零售行业的消费者体验。消费者不仅关注产品体验、服务体验和价值体验，也十分重视交互体验和社会支持。产品特征因素和交互特征因素共同作用于网络消费者满意度，这一现象已得到了充分的证实。在网络购物过程中，需求诱发、信息收集、比较选择、购买决策、购后反馈的各个环节都会影响消费者的主观感受，最终决定满意度水平和重复购买决策，因此，构建社交电商全过程购物体验是服装企业重要的任务。

产品"质"的因素是消费者体验的基础。研究结论显示，质量、面料、价值等因素对于消费者而言，重要程度大于价格因素。没有良好的"质"作保障，难以提高产品性价比，从而获得消费者美誉。网络零售企业必须修内功，狠抓产品质量，才可以长远发展。立足于质量管理，在服装购买的初始阶段，商家应利用富媒体技术手段，结合文字、图片、动图、短视频、直播等多种形式，充分展示商品并吸引消费者参与；社会化促销策略上也应坚持以用户体验为中心的原则；及时热情回复消费者的问题，为消费者提供客观准确的商品信息。在成交阶段，提供安全便捷的支付方式和物流服务，向消费者及时推送订单确认信息和物流信息，增加消费者服装购物的现实感。在售后阶段，应提供有温度、有实效的客户服务。在购后反馈上，应鼓励买家以多种形式分享购买体会、经验和买家秀，以真实客观的网络口碑形成强有力的辐射扩散作用。确保消费者在购物的每个阶段都能感受到服务的便捷，增强消费者对服装网络平台的信任。

对于体验型产品而言，在产品的设计和营销中利用感官刺激和社会支持、建立系统化的社会化营销战略十分重要。结合日益细分的服装用户,美学特征已成为实现产品和服务差异化的关键要素。基于服装网络消费者审美偏好的外观美学设计和形象打造,有利于表达产品的性格,满足消费者的情感需求。借助社交媒体或者网络零售平台的社交功能,可以全方位呈现产品的性能和特色。一方面与图片及文字的商品展示形式形成补充;另一方面促进消费社群的形成。社交电商有助于实现全过程购物体验。

2. 针对不同类型平台的消费者满意度开展差异化营销

Web2.0时代具有去中心化、个性化、开放、共享等显著特征,网络内容的生成方式由传统的网络平台主导生成逐渐转向由用户主导生成。用户生成内容(UGC)持续涌现,网络信息呈爆炸式增长。在线评论是UGC的一种重要形式,是消费者基于个人使用体验创建的产品信息。现阶段,在线评论信息体量急剧增加,甚至出现了信息过载现象,极大降低了信息价值。在线评论文本显示出数量众多且纷繁复杂的产品特征和交互特征,仅用传统的研究方法只能观测特征出现的频次和规模,无法发现其潜藏的机制。实际情况是,消费者提及相对较多的特征不一定对满意度产生重要影响;网络零售平台和社交媒体平台的满意度影响因素存在差异性。如果电子商务企业将时间和精力分散于各个方面,不分主次、没有取舍,将极大降低经营效率和营销的精准性。

电子商务进入场景爆发时代,全渠道消费成零售业趋势。单一消费场景已经不能满足消费者的需求,跨平台、社交化、移动化、碎片化的网络消费场景逐渐填补了空缺。然而,不同的消费情境会产生不同的体验,决定消费者满意度的因素也各不相同。如何从在线评论中抽丝剥茧、挖掘有价值的信息具有重要的现实意义。消费者满意度水平直接决定企业的成败,只有结合消费场景精准分析消费者的满意度状况,企业才能有的放矢。

B2C电子商务企业结合不同类型平台的消费者满意度开展差异化营销,可以从以下三个方面开展:第一,产品推荐的差异化。在网络零售平台需要特别强调产品"质"的因素,在产品推荐方面重点强调质量、面料、价值等因素,塑造良好的品牌形象;在社交媒体平台,重点关注服装款式,运用文案、图片及短视频等形式介绍产品的款式。不容忽视的是,在两类平台都需要重视服装的穿搭,通过服装搭配和穿着效果能有效刺激消费者购买。第二,促销方式的差异化。在社交媒体平台需要充分利用交互的便利性,运用抽奖、福袋、有奖问答、优惠券、积分、买家秀等多种社会化促销方式提升消费者活跃度,同时鼓励消费者建言献策,加强消费者的参与度和归属感,形成良好的忠诚度。在网络零售平台,继续采用平台及商家的多种促销手段,结合社交方式创新营销思路。第三,服务的差异化。在网络零售平台,继续解决物流配送环节的服务问题。一方面加快建设绿色高效的物流体系;另一方面配合客户服务,做到提前告知和过程追踪,真正体现以消费体验为主导的服务宗旨。在社交媒体平台,需在建立诚信体系方面加强建设,从而营造彼此信任、良好互动的社交媒体环境。

3. 推动网红模式由单向主导向双级共生发展

网络红人(简称"网红")于 20 世纪 90 年代初开始出现,伴随着互联网技术的发展而进化变迁。网红可以理解为依靠网络平台积聚个人影响力,在各自领域内与粉丝互动并受到追捧的一类群体。网红包括网络写手、网络段子手、网络主播和淘宝店主等。这里讨论的对象主要是网络平台上的服装零售商。网红店主根据自身特质获取了一大批垂直细分受众群体的喜爱和追随,从而在网络平台上拥有一定的话语权。现在的网红店主不仅仅指那些拥有数十万甚至数百万粉丝、面容姣好的网络红人,而是已经泛化为所有积累了众多粉丝的具有鲜明特质的服装店铺经营者。

目前的网红模式指的是网红店主主导服装经营和话题,消费者参与,其中庞大的粉丝群体积极购买并加入社群讨论,主动分享和贡献了大量的评论信息,进而促进了网络口碑的形成和销量的增长。从本质上来说,网红模式仍然是 KOL 模式,由网红单向主导,消费者在限定范围内踊跃参与交互。例如,淘宝商家将中差评评价的消费者加入黑名单,以及在官方微博只允许已发生购买行为的老顾客评价等,可以看出网红在人为干预用户口碑。此模式凭借网红店主的"魅力人格体"自生流量,能够迎合消费者打发无聊时光,以及追逐潮流热点的心理需求,已经显现出较强的变现能力。但是,这显然不利于服装企业在网络平台上发展壮大的长远目标。上文得到的"信息交互"不是影响网络消费者满意度的显著因素这一结论足以说明问题，表明用户的参与度不够。网红群体善于驾驭多平台联动的传播造势策略，从网络零售平台、论坛、微博、微信到视频、直播，从 PC 端到移动端，扩展了消费者的参与广度，但参与深度仍然欠缺。需要从网红单向主导转到网红和消费者共同主导方向上来，赋予消费者充分的能动性和主动权。消费者不仅能参与服装试穿、拍摄、评论，而且能参与产品设计、发起产品购买、设定消费场景，成为网络服装生态系统的一部分。消费者能够结合自身需求，调动人际资源，创造契合需求、具有实效的信息交互方式。因此，为了进一步增强消费者体验和口碑，提升满意度和忠诚度，需要推动网红模式由单向主导向双级共生发展。

4. 建立多平台联动机制

"互联网+"背景下，多屏互动、多平台转换、O2O 成为主流趋势，消费者注意力分散会进一步加剧。因此，对多平台的综合运用能力成为 B2C 电子商务企业把握市场机会、巩固市场地位的关键因素之一。多平台联动及全渠道营销已成为企业顺应时代趋势的战略举措。研究的结论表明，不同类型平台的网络消费者满意度的影响因素既有差异又存在共性。这在一定程度上说明，企业在多平台上提供服务既能够满足共性需求又有所侧重，从而让消费者从物质层面到精神层面都感到满意，突出用户的主体地位。但是，电子商务企业在开展多平台联动时并非一帆风顺。因此，建立多平台联动机制是当务之急。

建立多平台联动机制，是在立足于网络零售平台的基础上，将企业资源在社交媒体平台及独立第三方评价平台进行布局，形成以网络零售为目标、交流互动为手段、用户参与为根本、社会关系为支撑、顾客满意为保障的多平台联动机制。充分利用移动互联网技术带来的便利，激励消费者通过多屏互动及时分享消费评价，形成社群效应和良好网络口碑；发挥消费者主观能动性和参与意识，通过推荐和信任激活熟人资源，有效提高传播影响力；借力网红经济，提高经营者个人的人格魅力和号召力，塑造企业品牌，从而提升消费者满意度，形成更强的社会影响力和知名度。

（六）小结

上文基于计量分析方法构建了网络消费者满意度影响因素模型，并对不同类型平台的网络消费者满意度影响因素进行了对比研究。运用多元线性回归方法，分别分析了网络零售平台和社交媒体平台的网络消费者满意度影响因素。在此基础上，对比研究了不同类型平台的消费者满意度影响因素并得到相应结论。两类平台的差异性表现在：第一，质量体验（质量、面料）、感知价值（价值）、感知便利是影响网络零售平台消费者满意度的主要因素；而功能体验（款式）、社会化促销、信任是影响社交媒体平台消费者满意度的主要因素。第二，功能体验（颜色、款式）、社会化促销不是影响网络零售平台消费者满意度的显著因素；而感知便利、感知响应和推荐不是影响社交媒体平台消费者满意度的显著因素。两类平台的相似性表现在：第一，感官体验（如穿着效果、搭配）和社会关系（如朋友、亲人）对两类平台的消费者满意度均产生显著影响。第二，"信息交互"对两类平台的消费者满意度均不产生显著影响。本节从网络消费行为的特点、不同类型平台的特点和 B2C 电子商务企业经营的特点三个方面分析了差异性的原因。在研究结论的基础上，进一步提出了对策和建议：构建社交电商全过程购物体验；针对不同类型平台的消费者满意度开展差异化营销；推动网红模式由单向主导向双级共生发展；建立多平台联动机制。

第二节 跨平台网络营销实践

一、问题描述

前文发现和总结了不同类型平台的网络消费者满意度影响因素，有助于企业树立"以消费者为中心"的意识，着力研究提升消费者体验的策略；有助于企业重视社交媒体平台的作用，积极推动社交电商的发展；有助于企业投身全渠道营销的浪潮，快速提升综合竞争实力。如何利用前面的研究成果，指导企业开展跨平台网络营销实践，是本节研究的主要内容。需要在本节完成以下三个任务：进行体验营销实践并总结服装企业体验营销策略；进行社交电商营销实践并总结服装企业社交电商营销策略；进行全渠道营销实践并总结服装企业全渠道营销策略。

为了顺利完成以上三个任务,需要明确并解决以下问题。第一,如何奠定跨平台网络营销实践的基础?跨平台网络营销实践的基础是体验营销,而消费体验是相对主观的概念,指消费者与企业及其代表之间的直接或间接的互动,体现出了消费者对企业所提供的产品或服务的感知、情绪、情感和评价等一系列社会反应。借助清晰直观的可视化工具对消费体验进行分析,从客户画像、客户体验图和客户旅程图三个方面把分析结果呈现出来,有助于全面客观分析消费体验,从而针对性地提出服装企业体验营销策略。

第二,如何体现跨平台网络营销实践?本节研究的对象是网络零售平台和社交媒体平台,结合两大平台谈服装企业的网络营销实践,实际上就是探讨社交电商模式下的营销实践,而后者从2011年发展至今已成为业内关注的一大热点。

第三,如何把握跨平台网络营销实践的趋势?移动互联网时代,大数据、人工智能、物联网等网络技术和信息技术的发展促使不同渠道相融合、线上线下相融合,网络零售业即将全面进入全渠道营销的阶段。消费者渠道迁徙行为十分普遍,全渠道购物群体已经形成。全渠道营销是零售企业战略决策的关键问题,也是学术界研究的重要课题。

二、体验营销实践

在体验经济时代,消费体验是一种独特的经济提供物,具有十分重要的价值。体验营销是研究跨平台网络营销的基础,有助于企业提升消费者满意度和忠诚度。

(一)体验营销

体验营销理论是20世纪末在西方社会兴起的一种新的营销理论。从心理学的角度来看,心流体验是最优体验的过程,是个体完全投入某种活动的整体感觉。但体验不仅包括积极体验,也包括消极体验,它是一种综合感受,实质是消费者在消费过程中心理产生的感觉。从管理学角度而言,体验实质是消费者对企业相关活动的反应。本节将消费体验(也称为"客户体验")界定为通过消费者与企业及其代表之间的直接或间接的互动，而体现出的消费者对企业所提供的产品或服务的感知、情绪、情感和评价等一系列社会反应。消费体验源于企业对消费者进行的感官刺激、情感调动、思考促进等行为，消费体验内生于客户个体，而外显为语言、文字或行动，表现为交互反馈、商品评价、口碑宣传、活动参与、购买行为等。

体验营销被定义为通过看、听、用、参与的手段，充分刺激和调动消费者的感官（sense）、情感（feel）、思考（think）、行动（act）、关联（relate）等感性因素和理性因素的一种思考式营销方式。体验营销的重点在于认为消费者是理性与感性的集合，消费者在消费前、消费中和消费后的体验是产生购买行为，以及消费品牌的关键。体验营销更注重客户的体验，强调企业与客户的互动，强调客户的参与。

（二）可视化客户体验分析

自体验营销概念被提出以来，国内外学者和企业积极地开展相关研究及实践。体验营销越来越受到重视，其在提升消费者满意度、保持客户、培养消费者忠诚度方面发挥着重要的作用。初期的研究成果主要集中在理论研究和策略分析等方面，缺少清晰直观、简便易行的可视化客户体验工具。近年来，伴随着信息技术的快速发展，服务设计和创新成为热点，客户画像、客户体验图和客户旅程图等可视化客户体验工具受到实业界的关注。移动互联网时代背景下，笔者在网络消费者评论挖掘的结论的基础上，进一步探讨如何在实践中提升客户体验和满意度，从而提升网络消费者忠诚度。可视化客户体验工具可以用于客户体验规划、客户体验问题分析，以及客户体验的改进建议等情境。目前主要的可视化客户体验工具包括：客户画像、客户体验图、客户旅程图等。

1. 客户画像

大数据时代，用户的浏览、搜索、社交、购物等行为均产生相应的数据，企业面临着存储、处理和利用海量数据的挑战。客户画像能帮助企业分析客户行为习惯、消费特点、兴趣偏好等重要特征，从而更好地开展客户体验优化设计。

结合大数据时代的特征，国内学者提出客户画像是根据用户的人口属性、行为、习惯或心理偏好等信息挖掘出来的抽象化、标签化的客户模型。客户画像的构成维度分为客户相关、情境相关两个类别。客户相关的维度主要体现客户变化不大的一些普遍特征，包括自然属性维度、兴趣维度、社交维度、能力维度、行为维度、信用维度等；情境相关的维度主要体现动态变化的、与研究场景相关的特征，如位置、时间维度等。从另一个视角来看，客户画像可以分为静态维度和动态维度，静态维度主要利用统计学特征描述客户是"谁"，说明性别、年龄、职业、婚姻状况等；动态维度则重点描述客户的行为特征，结合情境说明客户的消费习惯和偏好，如消费目标、动机、行为、情绪或态度等。

现代企业基于丰富的客户行为数据构建了客户数据库，其中网络消费者评论的作用和地位日益突出。结合文本挖掘有助于总结客户群体特征、精准形成客户画像。以服装企业的网络零售平台为例，其客户画像可以从个体特征分析和群体特征分析两方面着手。

个体特征分析主要是描述单个客户的情况，用于精准掌握和分析客户信息，从而服务于客户沟通和营销决策，并为群体特征分析奠定基础。以淘宝某女装店铺为例，该店铺为创建了十余年的金冠级别女装卖家，同时通过微博平台开展社会化电商，尝试多渠道营销。对该服装企业的一个网络客户进行个案分析，其客户画像如图3-8所示。建立客户档案，解释客户是"谁"的问题，完成客户基本画像。根据该客户多年的消费情况能进一步获取行为信息：在本店月均消费额为2 000余元，商品单价主要集中在300～2 000元，退货率约为11%，属于铁杆粉丝。该客户具有一定社会地位和经济能力，在职场和生活中对服装有不同的需求，在工作中的着装强调优雅、专业、有气场，偏好套装，在生活中追求款式、舒适，偏好法式浪漫风格。虽然不同的情境存在需求差异，但有一个共同点也十分突出，即对品质的要求，无论是面料和材质，还是剪裁和做工，客户对其都有较高要求。通过对该客户的消费目标、动机、行为、情绪或态度的描述，解释客户是"什么样"的问题，完成客户的完整画像。

照片	昵称	差异提炼
	justyourm	工作中优雅、有气场，生活中舒适、有情调
	基础属性	社会属性
	女，38岁，有1个孩子（女孩）	企事业单位职员 中层管理者 6年老客户
行为描述	目标	动机
和朋友一起两家人去云南，出发前买了两套美美的度假服装	夏季旅游服装搭配	出门转转，想要又美又飒，还要舒服
	行为	情绪/态度
	平时上班通勤装穿得多，比较喜欢穿套装，趁着休假改变风格，尝试度假风	照着抄作业，买的两套非常美丽，超级喜欢相片里的自己。闺蜜要了链接了
在本店月均消费额2 000余元，商品单价主要集中在300～2 000元，退货率约11%，属于铁杆粉丝（忠诚型客户）。对所买商品主要持喜欢、满意、认同态度，偶有抱怨发货慢，喜欢看直播，愿意参与店铺活动，希望获得大额优惠券			

图3-8　某服装企业的一个网络客户画像

群体特征分析主要是通过对客户群体的研究，提炼现实和潜在客户的共性特征，从而细分市场和选择目标市场，为企业制定营销战略提供决策支持。

该客户群体的基本信息为：女性，主要集中在30～45岁，已婚居多、大专及以上学历为主，多居住在一线和二线城市，小资，具有一定经济基础，职场女性或全职太太。

该客户群体的行为信息为：热爱生活，追求高品质的生活体验，对服装的质量有要求，愿意并且能够为此支付较高的成本，热销商品单价主要集中在100～500元以及1 000～2 000元；喜欢打扮，时尚潮流，穿着场景多样化，但以职场和家居风格为主体；高素质群体，忠诚度高，客单价较高，关注物流速度，退货率中等偏下；愿意分享和互动，喜欢刷微博和抖音，经常参加店铺活动，重视性价比，大额优惠券和专属福利能对其产生一定激励作用。

2. 客户体验图

一般认为，客户体验图是指描述某个或某类客户群体在某个特定领域经历和体验的可视化图形。客户体验图的使用主体为产品经理、设计师、开发者和战略管理者，主要用于创新产品和服务，以及通过设计提升产品和服务的水平。

最初的客户体验图的构成要素包括两个部分：一是客户行为过程，以去饭店就餐为例，将其分为预定、空白、路途、抵达停车场、进入饭店和开始点餐等步骤；二是描述客户在每一个步骤的体验，包括期望、风险、满足感官期望的机会、满足情感期望的机会、激起情感等方面。其内容描述的是客户的行为和体验，不直接涉及服务提供者的工作内容，将客户体验和解决方案分开。

伴随着移动通信网络和智能终端快速发展，消费者购买行为发生了明显的变化，消费者的主动搜索和互动行为十分突出。移动互联网时代的消费者行为SCIAS理论揭示，网络消费者的主要购买步骤为：Search主动搜索—Compare同类比较—Interest产生兴趣—Action促成行动—Show秀出宝贝。SCIAS模型的客户购买行为不仅仅是一次单一的线性行为，令人满意的客户体验能促进消费行为形成闭环。因客户体验不同，客户在秀出宝贝后的行为也有差异，如果体验良好则会进入下一阶段的主动搜索（Search）或产生兴趣（Interest）；如果体验不佳则会放弃该店铺。另外，秀出宝贝（Show）后对他人的主动搜索行为也会造成不同程度的影响。假定分享者体验良好并作出正面评价时，如果与浏览者需求一致，无论二者是强关系还是弱关系均能产生正向影响，当浏览者与分享者认识（强关系）时，则可能直接促成浏览者下单，当浏览者与分享者通过社交网站建立弱关系时，则有助于浏览者产生兴趣（Interest）；如果与浏览者需求不一致，也能有效提升品牌知名度。可见，客户秀出宝贝（Show）的行为具有很强的裂变效应和销售促进作用，帮助消费者形成良好的客户体验，该行为对于企业而言至关重要。

根据客户体验图以及SCIAS理论，并以上述服装企业为例，分析可以得到其客户体验表（其中横向为客户行为阶段，纵向为客户相应的体验），见表3-16。

表3-16 网络女装店铺购物的客户体验表

阶段	主动搜索	同类比较	产生兴趣	促成行动	秀出宝贝
期望	快速搜索到心仪的宝贝	店铺/平台推荐同类宝贝	进一步提供契合需求的信息	支付流程简单、快捷	多种渠道秀出宝贝和交互
风险	搜索不到或宝贝下架	推荐宝贝不合适	兴趣减退甚至遗忘	过程烦琐、价格计算不清晰、物流慢等	分享渠道不畅通或分享内容被屏蔽等

续表

阶段	主动搜索	同类比较	产生兴趣	促成行动	秀出宝贝
满足感官期望机会	显示历史记录：浏览、加购、购买	宝贝具有完整的介绍、评论和优惠信息	展示或推送有价值的信息	客服及时解答和解决问题，且服务态度好	分享内容正常展示且受到关注
满足情感期望机会	知道我是谁	基于个人兴趣进行推荐	客服推送专属礼遇	专属客服主动确认订单，提醒注意事项，跟踪发货等	分享内容被置顶或被认真回应
激起情感	操作很便捷	商家很负责、用心	商家很重视我	我很特别	他们是我的朋友

移动互联网时代，网络客户的主动性和交互性更加突出。在主动搜索阶段，女装客户通过移动智能终端能随时随地访问网络零售平台和店铺，根据需求、喜好或口碑主动搜索商品，在此过程中特别关注操作的便捷性，口碑因素能起到一定的导流作用；在同类比较阶段，多数购买决策是在充分搜索并在同类比较后完成，购买服装这一类典型的体验型商品时尤其如此，客户期望借助多渠道高效地获取与自己需求相匹配的商品及信息；在产生兴趣阶段，客户对商品已建立基本认知，并对某一个或多个商品产生了兴趣，此时需要获取有价值的信息或者专属礼遇增强好感，从而作出决策；在促成行动阶段，简洁的支付流程、贴身服务及高品质的商品显得十分重要，能够有效提升用户体验；在秀出宝贝阶段，很多客户下单后愿意评论商品，已经养成了分享和互动的习惯，在此环节需要有多种畅通的渠道秀出宝贝并进行有效互动。综合而言，客户在网络购物的不同阶段均有不同的期望，如期望实现则客户能获得轻松、愉悦、满意、认同的良好体验，对服装店铺和企业而言则形成持久的助动力；反之，客户会得到压抑、烦躁、厌恶、排斥的恶劣体验，对服装店铺和企业而言则形成潜在或现实风险。从客户行为过程和客户体验两个维度形成客户体验图，有助于企业精准了解客户的需求和行为特征，从而为产品和服务设计提供依据。

3. 客户旅程图

关于客户旅程图概念源于何时，学者们存在着较大的争议。有人认为是服务蓝图理论的延伸，还有人直接将"客户旅程图"称为"接触点图"或"关键时刻图"。客户旅程图的使用主体为市场、销售和服务等营销相关人员，主要用于增加销售、改善客户关系和提升品牌形象。

2016年，麦肯锡咨询公司的客户体验专家详细解释了客户旅程的含义：

第一，它是客户的一个经历，而非仅仅是接触点，是由接触点连接起来的完整旅程；第二，不是关注单个接触点的体验，而是关注整个旅程的体验，每个接触点满意并不一定旅程满意；第三，描述旅程的语言是基于客户的视角，例如"我想进行产品换代"；第四，涉及线上线下多种渠道的接触点；第五，旅程持续时间较长，同时是可以重复的。

客户旅程图一般包括客户画像、客户旅程阶段、客户行为（步骤）、需求、接触点、情感或体验、痛点、满意度和机会点等因素。

仍以淘宝客户 justyourm 为研究对象，分析得到其客户体验表，见表3-16。根据移动互联网时代的消费者行为 SCIAS 理论，将客户旅程阶段划分为五个阶段，依次为主动搜索、同类比较、产生兴趣、促成行动、秀出宝贝。该客户的基本信息为女，38岁，一线城市企事业单位中层管理者，为夏季旅游出行选购度假服装。该客户具有一定的代表性。分析在不同阶段客户的行为步骤、需求、实现需求的接触点、在购买服装过程中的情感或体验、存在的痛点、机会点和可行性建议。以可视化的形式直观展现该客户在实现购买度假女装这一目标所经历的全过程。在不同的旅程阶段，客户具有不同的子目标，与企业之间出现多个接触点。随着购买行为步骤的演进，客户的感官体验和情感体验也随之产生，其满意度在图中以表情图标表示：将满意度分为好、中、差三个级别，不同的表情图标代表不同级别的满意度，表情图标的大小代表不同级别满意度的强弱程度，其中，图标越大，程度越强。该客户对跨平台比较和跨平台分享的体验不佳，这与该客户喜欢刷微博看抖音有一定关系，急切希望在这些社交平台上看到店铺更多的信息。另外，该客户向客服反馈发货较慢的问题，也可以通过开设更多的社交渠道辅助解决，如通过征集粉丝意愿进行选品或预售，提前告知发货时间，通过创建形式多样的交互活动形成网络口碑，从而更好地帮助客户优化购买决策，提升用户体验。

（三）服装企业体验营销策略

客户通过网络购买服装这种典型体验型商品产生的体验十分丰富，对产品特征和交互特征具有自己的理解和偏好。在产品特征部分，不仅关注服装的功能、质量和感官，而且对服务中的感知便利、感知响应及感知价值都有所要求，这一点因人而异。不同的人对价值的理解不尽相同，侧重点也会不同，比如品牌、面料、价格、便捷等。穿衣表现生活态度，不同生活背景、经济收入的人对美有各自的定义，比如时尚、个性、舒适、少女感等，因此服装企业的网络店铺需要在接触点精准提供有价值的信息以帮助客户形成购买意向，并促成购买行动。

1. 综合型体验营销策略

体验营销是1998年美国战略地平线公司的两位创始人B.约瑟夫·派恩（B. Joseph Pine Ⅱ）和詹姆斯·H.吉尔摩（James H. Gilmore）提出来的。他们对体验营销的定义是：从消费者的感官、情感、思考、行动、关联五个方面重新定义，设计营销理念。因此，从综合的角度而言，体验营销策略包括感官式营销策略、情感式营销策略、思考式营销策略、行动式营销策略和关联式营销策略。

感官式营销策略是通过视觉、听觉、触觉与嗅觉建立感官上的体验的营销策略。它的主要目的是创造知觉体验。笔者认为，在网络零售平台，服装消费者更关注产品体验、服务体验和价值体验，产品"质"的因素对消费者的满意度影响很大。服装产品的质量、面料、穿着效果等能显著影响消费者购买意愿。同样，通过运用可视化客户体验工具分析特定网络服装店铺的客户画像、客户体验图、客户旅程图时，发现客户的感官体验较好，客户对店内服装的衣品及质量持正面评价，这也正是该服装店铺具有一定业内口碑和美誉度的原因。网络女装企业还可以通过图片、视频和直播等形式，强化产品的视觉感染力。另外，感官式营销的核心在于通过视觉、听觉、触觉甚至味觉冲击，形成产品和品牌的个性，因此塑造产品品牌的调性也十分重要。本节选择的网络女装企业主要定位为小资女性的时尚品质衣柜，在关注服装品质之外、还需满足一、二线城市女性对时尚风格的认知和需求，提高产品品类和单品数量。

情感式营销策略是在营销过程中，要触动消费者的内心情感、创造情感体验的策略。笔者基于文本挖掘的方法分析了网络服装消费者的满意度影响因素，通过情感分析将评论特征转化为结构化数据，从而采用定量分析的方法得出相应结论。研究的基本假设为消费者的在线评论中蕴含着丰富的观点和情感，并且它们具有极性和强弱。情感成为研究的基础，也具有十分重要的营销意义。网络服装企业不仅要提供受众群体心仪的服装，更要从建立情感纽带上培养客户的忠诚度。本节的研究对象表现出对客服较为满意，但对于店铺在交互口碑方面的努力感到不满意，这种相对负面的情感需要引起足够的重视。

思考式营销策略是启发人们的智力，创造性地让消费者获得认识和解决问题的营销策略。一般而言，体验营销应该和高附加值、高利润、高科技、高期望值的产品相结合，才能最好地体现体验营销的价值。当今社会，消费者对服装的首要期待是"美"，怎样赋予"美"高附加值、高利润、高科技、高期望值是值得思考的问题。虽然企业需要在客户决策时尽可能提供便利，减少犹豫思考的时间，让选择更简单，但是"让客户帮忙思考"将有利于客户的深度参与，从而提升满意度和忠诚度。就本节的研究对象而言，客户 justyourm 想购买夏季度假服装，但选择的宝贝有限，选购的不便利容易引起客户负面的评价。网络服装店铺可以考虑经常使用社交网站征集客户的需求，动态了解消费者对服装的期望；采用投票的方式选出一定数量的新品，这些新品可以被赋予潮流性和科技性。这样既有助于企业精准把握客户偏好，又能启发受众群体思考，吸引他们参与到设计、选品等环节中来。C2M（顾客对制造商）模式已经开始被消费者熟悉，并展现巨大的潜力。正如小米公司一样，消费者的改进意见和设计构想被企业采纳或重视的机会越多，则消费者积极思考和参与的热情越大，归属感和消费黏性越强。

行动式营销策略是通过偶像、大V或明星来激发消费者，使其生活形态发生改变，从而实现产品销售的营销策略。意见领袖在网络时代的影响力已被反复验证，它提醒服装企业也能通过偶像、大V或明星的号召力来影响受众群体。第一，企业可以联合知名设计师推出联名品牌或系列，从而增加产品附加值，提升品牌效应；第二，在预算充裕的情况下，选择合适的流量明星带货具有事半功倍的效果；第三，选择社交平台大 V 助力，产生网络口碑和关注度，如果策略得当，网络发酵的效果也不可小觑；第四，企业内部灵魂人物自己就是客户的偶像，能与客户形成更加牢固的关系。

关联式营销策略是指包含感官、情感、思考和行动的营销策略的综合。通过灵活地、艺术性地将以上四种营销策略进行组合，能产生不同的效果，但有一点相同的是，策略的取舍和主次决定于是否能有效提高客户体验。

2. 过程型体验营销策略

从体验营销的过程角度入手，分析服装企业的体验营销策略需要包括消费前、消费中和消费后三个阶段。

消费前的体验主要表现为消费者在主动搜索、同类比较和产生兴趣时出现的体验。消费前的体验十分重要，决定了目标顾客作出消费决策的可能性。体验主要集中在口碑的影响性、搜索的便利性、推荐的智能性、信息的价值性、服务的周到性等方面，因此，消费前的体验营销策略需要从以上方面展开。服装的购买往往从看到或听说某件衣服开始，消费者获取商品信息的渠道能够有效影响后续行为。除了在网络零售平台内外投放广告外，网络口碑往往具有低成本高收益的属性。借助社交媒体拓宽渠道、提高曝光率是个不错的选择。基于消费者行为分析，个性化搜索和个性化推荐能够帮助企业开展精准营销，比如搜索中的"以图搜图"，推荐中的基于兴趣的推送，其中的"个性化"主要在系统技术层面实现。另外，从系统流程和人员服务方面紧跟消费者需求，为消费者营造良好的购物氛围，也能帮助消费者产生强烈的兴趣，从而明确购买的理由。

消费中的体验主要表现为消费决策时产生的体验，具体包括选择商品、下订单、完成支付、等待发货和确认收货几个步骤。消费中的体验是营销管理中至关重要的部分，主要集中在流程的精简性、发货的及时性、物流的便捷性、实物与描述的一致性等方面。在前期良好的铺垫下，消费者往往具有美好的期待，此阶段重点保障时效、穿着效果和会员待遇，确保消费者在第一时间试穿与预期相符的衣服，如果商品需要预售，也应提前告知，如能提供一定的补偿措施则更佳。在消费中，会员专属服务需进一步满足消费者的现实需求和情感体验。

消费后的体验主要表现为消费行为完成后秀出宝贝时产生的体验，具体包括评论商品、上传图片和跨平台分享几个步骤。该阶段既体现了消费者分享的诉求，也符合企业进行品牌宣传和培养顾客忠诚度的目标。因此，如何引导消费者自发作出正面评价，并通过形式多样的交互活动保持粉丝的热度、激发圈层效应成为十分重要的课题。下文将从社交电商的角度重点阐述和讨论。

三、社交电商营销实践

2019年7月，中国互联网协会发布的《2019中国社交电商行业发展报告》显示，2019年社交电商保持高速增长，预计市场规模达20 605.8亿元，同比增长高达63.2%。据统计，2019年社交电商消费者人数已达5.12亿人，成为电子商务创新的主要力量。2019年社交电商从业人员规模预计达到4 801万人，同比增长58.3%，社交电商行业的参与者已经覆盖了社交网络的多个领域。2018年中国网络零售市场规模达9万亿，社交电商市场规模达12 624.7亿，占整个网络零售交易规模14%。预计2019年社交电商在网络零售规模中占比超过20%，2020年社交电商市场规模在网络零售中占比超过30%。社交电商已成为电子商务不可忽视的规模化、高增长的细分市场。

2020年4月，中国互联网络信息中心（CNNIC）发布的第45次《中国互联网络发展状况统计报告》显示，截至2020年3月，我国网络购物用户规模达7.10亿，较2018年年底增长1亿，占网民整体的78.6%；手机网络购物用户规模达7.07亿，较2018年年底增长1.16亿，占手机网民的78.9%。社交电商、直播电商成为网络消费增长的新动能。作为网络消费模式的一种创新，社交电商和直播电商有效满足了消费者的多元需求，成为网络消费的重要支撑。一是社交电商增长势头迅猛、已发展成为网络消费的新生力量。据国家统计局的数据估算显示，2019年社交电商交易额同比增长超过60%，远高于全国网络零售整体增速。社交电商借助社交媒体或互动网络媒体，通过分享、内容制作、分销等方式，实现了对传统电商模式的迭代创新。二是直播电商不断拓展网络消费空间。截至 2020 年 3 月，电商直播用户规模达 2.65 亿，占网络用户的 37.2%，占直播用户的 47.3%。直播电商通过"内容种草"、实时互动的方式激活用户感性消费，提升购买转化率和用户体验。

（一）社交电商

社交电商也称为社会化商务、社会化电商、社会化电子商务，是基于人际关系网络，利用互联网社交工具，从事商品交易或服务提供的经营活动，涵盖信息展示、支付结算、快递物流等电子商务全过程，是新型电子商务的重要表现形式之一。

（二）社交电商典型案例分析

近年来，我国涌现了一大批社交电商的实践者，其中不乏新兴的明星企业，拼多多、云集、微盟、蘑菇街、小红书、贝店等平台给消费者带来了不一样的电子商务体验。完美日记也是社交电商的典型代表之一。完美日记成立于 2017 年，创始人黄锦峰曾是御泥坊 COO（首席运营官），于同年 3 月上线淘宝店，2017 年 8 月升级天猫旗舰店；2018 年第一次参加"双十一"，90 分钟突破 1 亿销售额；2019 年第二次参加"双十一"，总成交额超过 MAC 等国际品牌，成为首个天猫"双十一"销售额破亿的国货彩妆品牌，并且全年实现线上 35 亿销售额。完美日记如何实现高增长，三年成为国产彩妆著名品牌？这一论题值得社交电商研究者深入探讨。

1. 精准选择目标客户，定位为"极致性价比"

通过电商销售数据和社交媒体用户互动数据挖掘客户需求，发现 85 后、90 后及 95 后消费者是美妆的核心消费群体，其中"95 后"消费者销售额和人数同比增速表现突出。随着 Z 世代（指在 1995~2009 年出生的人）消费新势力的崛起，追求个性审美，不迷恋大牌，好用才是硬道理成为新的消费观念。完美日记的用户精准定位为 18~28 岁的年轻女性。她们更加注重个性化和便捷度，消费方式也从炫耀式转变为体验式，对新事物接受度高、青睐更具有个性的产品。针对年轻女性消费群体对品质追求的心理，完美日记强调产品与大牌同厂、与大牌同质，从而形成了极致性价比的定位。

2. 社交媒体传播，打造网红爆款

社区生活平台小红书的用户 90% 以上都是年轻女性，与完美日记的定位圈层十分吻合。在移动互联网时代，95 后消费者在决策前更愿意在内容平台上搜索消费者的评价信息。完美日记通过在小红书上投放明星、头部 KOL、腰部 KOL 及素人笔记，营造全民带货的氛围，从而打造出"小黑钻口红""动物眼影盘""Discovery 联名眼影""牛奶肌气垫 BB 霜"等网红爆款，使消费者深度种草。完美日记逐步把口碑营销拓展到微信、抖音、腾讯、微博等社交媒体，精准触达大量目标客户。在私域流量运营方面是完美日记的战略级投入，从线上线下多触点把用户拉到微信群中"强运营"，提供福利促进消费者复购，发布新品信息和促销信息，培养顾客忠诚度。完美笔记负责近千万粉丝的运营和维护，其社交电商销售额占主营收入的 20% 左右。

3. 产品快速迭代，跨界营销突出

优异的产品才能吸引消费者的青睐。完美日记天猫店一年就上架了近千个 SKU（库存量单位），不仅满足了消费者多样化和个性化的需求，而且能激发购买兴趣，提高复购率。同时，完美日记以消费者为中心进行产品开发，社交媒体是征集消费者、KOL 设计意向的互动平台、每个消费者都可能是产品设计师。完美日记品牌美誉度快速提升，很多 IP 联名款成为爆款产品，与其实施跨界营销紧密相关。完美日记在进行跨界联名创意时关注国际时尚趋势，比如关注环境、保护动物、可持续时尚等。其中，合作 IP 涵盖了 Discovery、国家地理、大都会博物馆、大英博物馆、权力的游戏、奥利奥等。

4. 线上线下结合，多渠道营销

2019 年年初，完美日记在广州正佳广场开出首家线下旗舰店。从 2019 年 1 月到 2020 年 1 月底，完美日记一共开了 54 家直营店，且集中分布在南方沿海一线城市和内陆的新一线时尚城市。从线上拓展到线下后，借助线上积累的用户标签体系和客户画像，强化线上线下互相推荐引流，从而进一步稳固品牌影响力。

（三）对比研究

完美日记是当前备受关注的社交电商成长案例，发展速度之快、模式之代表性值得剖析和学习。虽然完美日记属于美妆行业，与服装行业不尽相同，但通过对比研究发现，两者在诸多方面具有明显的相似性，服装行业与美妆行业的对比见表3-17。

表3-17 服装行业与美妆行业对比表

比较点	服装行业	美妆行业
是否"相对消费品"	是	是
是否"她经济"占主导	是	是
是否具有渠道红利	是	是
是否具有营销红利	是	是
是否关注性价比	是	是

第一，如果用"绝对—相对"和"耐用—快消"两个维度对商品进行分析，服装和美妆都属于相对消费品，因为这两大品类的商品既比空调等大家电（绝对耐用品）和电饭煲等传统小家电（相对耐用品）使用时间短、消费频次快，又比零食饮料（绝对消费品）使用时间长、消费频次慢。第二，"她经济"时代已经来临，现代女性具有较强的经济能力和旺盛的消费需求，是消费市场上的重要客户群体。"她经济"具有明显的情感化、个性化、自主化、多样化和休闲化特征。女性群体成为服装和美妆行业的主要助动力。第三，"新渠道"的出现为服装行业和美妆行业带来了渠道红利。微博、微信公众号、小程序、抖音等社交媒体革命性地降低获客成本，提高营销效率。拼多多、小红书、蘑菇街等凭借社交电商模式参与市场竞争，获得差异化优势，由此可见，社交媒体对于服装及美妆品类的商品而言是一片蓝海市场。第四，短视频和直播模式为服装行业和美妆行业带来了营销红利。近年来，短视频和直播深受消费者特别是女性群体的青睐，用户规模迅速增长。第五，无论是低端商品还是中高端商品的网络消费者，在购买服装或者美妆时，"性价比"都是一个重要的关注点。

综上所述，服装行业和美妆行业在商品属性和市场特点等诸多方面具有共性，因此，美妆品牌完美日记的经验值得服装行业借鉴。

(四)服装企业社交电商营销策略

现阶段,网络服装企业需要借助社交媒体和社交电商模式获取渠道红利和营销红利。社交媒体平台是区别于网络零售平台的另一种类型的渠道,该渠道不仅可以降低获客成本,而且能够通过建立网络口碑,裂变式地快速传播企业产品和理念,从而形成粉丝圈层。如何有效借力社交媒体实现服装企业发展网络市场的目标呢?总结而言,开展社交电商有营销三部曲:打造爆款、精准营销、品牌提升。相应的社交电商营销策略分析如下:

1. 爆款营销策略

网络市场是一个广阔的空间,蕴含着无数的机会和可能,但也增大了营销的难度。消费者的情感表达越来越强烈,个性化特征明显。网络服装企业在开展社交电商的初期,需要选准抓手和着力点,起到以点带面的作用。根据实践经验来看,打造爆款是一个不错的选择,其优点是目标集中、行动迅速、试错成本小、转换灵活。

第一,明确选品逻辑。服装是典型的快消品,新品数量大,换季快,同一时期只能选出少数几款打造成爆款。在选品的时候,通常涉及以下几种情况:选择高性价比款(百搭神器小吊带);选择流行主打款(复古风印花连衣裙);选择独特款,如独特工艺(一线成型无缝针织)、品质面料款(大牌风衣同款面料)、明星同款(某明星同款西装裙)、博主种草款(小红书推荐发箍)、设计师联名款(鼠年迪士尼联名系列)。高性价比的产品更适合社交电商,主打性价比是相对稳妥的爆款选品逻辑。但不容忽视的是,服装是一种体验度很高的消费品,消费者的心理和情感需要十分突出,时尚流行元素也是能吸引眼球、刺激购买欲望的重要原因。最后需要提出的是,目前主打优质产品的全球海外购和主打低价商品的拼多多都形成了消费热点,说明优质特色的商品也能成为内容传播的基础。企业能否成功将单品打造成爆款,很大程度上取决于选品是否正确,能否得到消费者的认可和支持。

第二,总结爆款打造流程。在具体选品决策上,与传统以卖家为中心的产品研发不同,借助大数据客户资源可以转感性猜测为理性分析,总结出爆款打造流程。先通过网络零售平台销售数据和社交媒体平台互动数据发掘消费者需求,列出目标群体的重点需求和新需求;然后深挖市场机会开发新产品,由产品经理定义新产品并提炼产品卖点;随后采用专业营销团队,针对产品特点和目标群体需求进行内容精准策划;进而由销售经理充分运用短视频、直播、社群等形式进行内容分发和改进,或者通过具备一定内容策划、内容分发和内容改进能力的 KOL 型经销商铺货,在产品销售过程中对内容持续投放引发共振,结合市场反馈改进内容强化营销效果,打造爆款并延长爆款生命周期。

第三,保持爆款热度。爆款能带来强大的引流效果,保持爆款热度能在相对低成本运营的条件下提升品牌在互联网领域的知名度和销售量,为服装企业的互联网拓展提供解决方案。爆品的基础是过硬的品质,针对爆品总结卖点,持续产生优质内容,通过明星、网红、大 V、素人笔记或者消费者的评论不断制造热点,吸引潜在用户的关注和参与;针对消费者的反馈对爆款进行升级迭代,打造经典产品形象,契合消费者的实际需求和情感需要;结合专属福利和促销活动进一步延长消费者的购买热情,使爆款的相关信息长时间出现在公众视野,进一步强化其受欢迎度和大众接受度。

2. 精准营销策略

在打造网红爆品的基础上,借助大数据分析手段,寻找与服装品牌调性相符的社交媒体平台,将优质的产品内容精准推送给目标受众,逐渐形成粉丝圈层,持续打造网络口碑效应。开展社交电商能促进服装电商渠道下沉,实现精准营销和全网营销。充分利用社交媒体的用户高聚集性、高圈层性、高活跃度的优势,运用多种形式开展精准营销。

第一,基于内容的精准营销。以消费者为中心,销售商创作的内容通过社交媒体传播,从而推动消费者体验和购买并最终实现销售目标。由于传播的内容是基于消费者兴趣进行创作、分享和扩散,使得更多的潜在客户有机会看到相关内容,并在反复接收信息的过程中被影响和种草。基于内容的精准营销已在美妆、小家电、零食等多类产品上实践,只要内容足够精良,其效果已被市场反复验证过。和服装有关的内容包括:流行预测、穿衣搭配(身材搭配、场景搭配、颜色搭配、明星穿搭)、素人示范、穿衣陷阱、品牌折扣、服装黑科技等。具体的内容形式需要结合时下最热门的话题进行加工和植入,比如综艺节目《乘风破浪的姐姐》获得超高女性关注度的时候,在微淘、微博、微信公众号等社交平台推送"职场这样穿,我们也能乘风破浪"的内容引发粉丝热议和效仿。优质的内容还可以挖掘服装电商沉淀的客户信息,发现消费者最关心的问题,推送如"5件单品打造一个高利用率的夏季衣橱""夏天到了!试试这4个能一键复制的法式穿搭"。这些内容正好是目标群体感兴趣的话题,对消费者而言有价值,因此他们很容易在舒适主动的参与过程中潜移默化地接受商家传递的信息。

第二,基于网红直播的精准营销。把服装企业的创始人或专职主播塑造成网红,或者选取淘宝、抖音、快手、小红书等平台上成熟的网红,为服装品牌代言,通过短视频或直播的方式向粉丝群体推荐商品,从而完成商品销售,提升电商流量转化。粉丝运营、IP打造和优质创意视频内容都会影响转化效率。选取那些从事服装配饰、美妆等相关品类带货的垂直型网红,他们已经形成了清晰的定位,拥有一定规模且需求细分的受众群体,粉丝对网红信任度高,网红的号召力强。网红与粉丝的直播互动直观、生动、即时,可以极大提升购物体验,使消费者易于融入购物场景。只要服装品牌的受众与网红的粉丝相重叠,则精准营销的效果十分突出。服装企业自己塑造网红代言人,虽然投入的精力和时间更多,但一旦形成粉丝聚合效应,网红直播模式带来的收益是稳定而持续的。网红直播所产生的粉丝经济,归根结底是依赖IP打造和优质创意视频内容吸引具有相同兴趣和需求的消费者,形成粉丝圈层,从而高效精准地达成营销目的。

第三,基于拼团的精准营销。通过特色、低价商品吸引社交流量参与拼团、砍价消费。拼多多是拼团型社交电商的典型代表,它把追求高性价比的消费者通过拼团形式聚集到一起,利用社交流量传播产品信息,实现拉新,用户留存效率高。拼团通过消费者主动扩散的方式,有助于渠道下沉,将更多三、四线城市的目标客户吸引到社交电商平台上。服装企业也能发挥拼团的能动作用,通过利益驱动的方式调动消费者带货的积极性,帮助服装企业精准地筛选顾客并促进渠道下沉,实现目标客户群体的快速积累。另外,服装企业在选择拼团单品的时候,除了选择单价较低商品,还可以把往年的旧款拿出来低价销售，这样有助于清理库存，一举两得。

第四，基于社区团购的精准营销。围绕线下生活社区，以社群为主要交易场景，以熟人社交关系为纽带，融合拼团和会员分销的新零售模式，平台团长直接触达社区用户。完美日记也把微信私域流量管理纳入战略级别，精准定位社区流量，依靠微信生态巨大的流量红利，获客成本极低。因此，基于社区团购的精准营销值得关注。在移动互联网时代，服装企业借助智能终端设备，和消费者通过微信群、公众号、小程序建立紧密的联系，把上新的各种流行单品推送给社区成员，并提供社区团购福利吸引用户复购，持续输出品牌价值，留住目标用户。

3. 品牌营销策略

一个电商企业要想持续地发展壮大，享受品牌红利，仅凭单一渠道远远不够，还需要整合线上网络零售渠道和社交媒体渠道，并实现线上线下相融合，打造供应链，塑造品牌形象，实现品牌价值。

第一，打造供应链。社交电商注重人和社群的聚集，但目前商品供应链尚未完善、核心能力有待提高。服装行业的供应链指的是服装从原材料到消费者手中的整个链条关系，主要包括原材料采购、产品设计、生产和销售等环节。供应链管理是品牌营销的基础，供应链不完善成了制约网络服装企业品牌赋能的重要因素。一般而言，当服装企业的销售规模增长到一定程度时，都会着手上游供应链的管理及整合，否则将长期面临同质化严重、质量无法保证、库存和成本等问题。为了保证商品品质，网络服装企业会逐渐增强对上游供应链中原材料、设计、生产等环节的把控，比如海外直采优质的面料，选择贴牌加工或原创设计，甚至拥有自己的工厂和熟练工人，从而快速响应市场需求。

第二，实现 C2M。设计是服装企业的核心，设计的水准直接决定了品牌的价值。社交网络集合了呈现移动化、社交化、碎片化特征的流量，企业更能够近距离地接触到目标群体，收集消费者的意见或建议，甚至使消费者参与到设计、生产环节成为可能。消费者在购买商品的同时，产生情感的心理需求，认同感和归属感驱使他们中的一些人愿意建言献策，深度分享产品偏好或设计理念。社交电商具有天然的让消费者决定商品的基因，即 C2M。现阶段，虽然有一些企业正在积极地尝试，但C2M仍处于探索阶段，尚未实现消费者全面深入生产制造环节，实现个性化的大规模定制。但是，社交电商模式提供了这种可能性。消费者越深入参与到设计和生产环节，对服装品牌的认同感会越强。

第三，线上线下相融合。网络服装品牌的价值增值过程，除了整合线上的网络零售渠道和社交媒体渠道外，更需要融合线上和线下资源。首先，线上和线下相互引流，从而扩大受众群体。在注意力经济时代，注意力是稀缺资源，通过更多的渠道协同引流，带来更好的口碑。打造良好的口碑能够增强企业无形资产，进一步巩固品牌价值。其次，线下实体店或体验店的展厅有助于强化服装品牌形象。服装企业成长到一定规模时，无论是客户需求还是企业生态，都需要通过开设实体店来实现。实体店是展现品牌形象、提供体验环境，以及整合企业资源的重要载体。最后，O2O适应移动互联网时代的不同消费场景，增加品牌价值。消费者的渠道迁徙行为成为常态，线上线下消费场景的频繁切换和无缝连接是市场赋予品牌的新使命。融合线上线下资源，是开展品牌营销的基本前提。

社交电商模式中，服装企业的规模扩张、综合实力增强，往往伴随着渠道的打通、资源的共享，如何实现全渠道营销成为当今零售企业共同的话题。

四、全渠道营销实践

科学技术是推动零售业发展的根本动力，物联网、大数据、人工智能等网络技术和信息技术的发展使消费者全渠道购买成为可能。近年来，社交化、本地化和移动化（简称SoLoMo）商业模式受到青睐，消费者渠道迁徙行为十分普遍，全渠道购物群体已经形成。消费者在购买过程中，先选择渠道再选择品牌成为常态。全渠道营销是零售企业战略决策的关键问题，也是学术界研究的重要课题。

零售渠道发展变革经历了一个很长的时期，不同阶段的特征有所不同。2013年，法国零售专家蒂埃里·布尔金（Thierry Burdin）把零售渠道的发展划分为四个阶段。第一阶段，单渠道：砖头加水泥，主要是传统的实体商店渠道。第二阶段，多渠道：鼠标加水泥，主要是出现了线上网店渠道。第三阶段，跨渠道：砖头加鼠标加移动，线下实体店铺与线上网店开始出现融合，实体店为主，网店为辅。第四阶段，全渠道：鼠标加砖头加移动，实体店地位弱化，移动网店地位上升。在社交电商、O2O营销快速发展的基础上，全渠道营销已成为业界未来的发展趋势。

（一）全渠道营销

1. 全渠道

2009年美国专家最早提出了全渠道零售的概念。最有影响力的是2011年美国贝恩咨询公司研究员达雷尔·里格比（Darrell Rigby）在《哈佛商业评论》发表的文章 The Future of Shopping（《购物的未来》），首次释义了全渠道零售。从牛津英语字典查阅"omni"，该词可翻译为"全"或"多"。The Future of Shopping 译者将"ommi"译为"全"，可能是为了与"Multi-channel retailing"相区别。里格比认为，全渠道模式下，零售商将通过多种渠道与顾客互动，具体包括网站、实体店、服务终端、社交媒体、移动设备等。李飞提出全渠道中的渠道类型包括有形店铺和无形店铺，以及信息媒体（网站、呼叫中心、社交媒体、E-mail、微博、微信等）。

2. 全渠道营销

2014年，中国学者率先提出了全渠道营销的概念及框架，这在世界全渠道零售理论研究中也是处于前列的。全渠道营销，是指个人或组织为了实现相关利益者利益，在全部渠道范围内实施渠道选择的决策，然后根据细分目标顾客对渠道类型的不同偏好，实行不同或相同的营销定位，以及匹配的产品、价格、渠道和信息等营销要素的组合策略。

全渠道营销和全渠道零售两个概念的内涵和外延不同，同时又有密切的相关性。全渠道营销包含销售的内容，即销售是营销的一部分，因此全渠道营销包含着全渠道销售的内容。全渠道零售，是指个人或组织为了卖出产品或服务，以及提高分销效率，尽可能多地实施线上和（或）线下的多渠道组合和整合行为，涉及的主要营销组合要素为渠道、价格和信息等，体现的是售卖行为。在全渠道零售策略中，不包括目标客户选择和营销定位、产品策略等。全渠道营销与全渠道零售概念的最大不同在于、它增加了选择目标顾客、设定渠道数量和结构，并根据渠道偏好对目标顾客进行细分、进行营销定位，以及匹配相关产品策略等内容。

全渠道营销与O2O营销存在一定的共同点，但差异性也十分明显。全渠道营销中的"全渠道"是指组织和个人在进行营销规划时，把所有渠道类型作为备选对象，而最终选择的结果可能是线上和线下渠道的融合，也可能都是线上渠道，也可能都是线下渠道，其宗旨是在适合的基础上融合尽可能多的渠道类型（一般不会是所有渠道）。O2O强调的不是选用尽可能多的渠道类型，而是更加关注线上和线下两种渠道类型的融合。

（二）消费者渠道选择

1. 消费者选择渠道的影响因素

相关研究表明，在以消费者为中心的全渠道阶段，消费者进行渠道选择时更注重社会情境变量、消费者的个人因素、购物体验、企业的营销努力、零售商的竞争对手、综合因素等。概括而言，消费者全渠道零售的影响因素包括产品因素、个体因素、渠道因素、零售商策略和外部环境等。

2. 消费者渠道迁徙行为

在全渠道购物阶段，消费者搜索信息和购买商品的渠道多样，为了追求自身效用最大化，消费者的渠道迁徙行为逐渐增多。涂红伟等认为，消费者渠道迁徙是指消费者从在线（离线）渠道向离线（在线）渠道的转移过程。消费者的迁徙路线除了在线上和线下渠道之间变换外，还会在线上的不同渠道之间，以及线下的不同渠道之间迁徙。比如，消费者在淘宝购买服饰，除了在店铺浏览商品信息、关注商家微淘，同时也会关注商家的微博、抖音号、微信公众号（微店），接收商家邮件和（或）短信提醒，从而获取最新的商品及促销信息，制订最佳的购买方案。全渠道模式下，展厅现象引起了学者们的关注。"展厅现象"即消费者到线下实体店实际体验产品和服务，同时通过手机端搜索关于产品价格和质量的信息，最后通过比较线上线下相同产品的差异决定其购买途径。实证研究发现，展厅可以增加消费者对于产品和服务的总体需求。

（三）全渠道客户旅程体验图

全渠道零售是零售商协调多种零售渠道的优势，带给顾客卓越的无缝式消费体验的一种战略或策略。全渠道客户旅程体验图是在客户旅程体验图的基本结构中融入了"全渠道"的特征。其中，客户旅程体验图由客户画像、客户体验图和客户旅程图综合产生，三种可视化客户体验工具具有互补关系和继起关系。"全渠道"这个特征主要体现在四个方面：一是客户画像，包括单渠道客户（网络零售平台客户）、全渠道客户（网络零售平台客户、社交媒体平台客户、移动端客户以及线下客户等）的画像；二是客户旅程的各个阶段和步骤可能选择单渠道，也可能选择全渠道；三是企业旅程的各个阶段和步骤可能选择单渠道，也可能选择全渠道；四是客户体验的接触点，就是客户旅程和企业旅程交互的点，这个点同样可能选择单渠道，也可能选择全渠道。

继续以某服装企业的网络店铺为研究对象，分析其全渠道客户旅程体验图。借助全渠道客户旅程体验图，企业希望深入剖析目标客户群体的习惯和偏好，从而应对品牌销售增长明显放缓、客户开始流失的问题。研究的目标是通过分析目标客户的体验现状，发现痛点，并针对症结提出改进策略。

该服装企业客户群体的基本信息：女性，主要集中在30～45岁，已婚居多，大专及以上学历为主，多居住在一线和二线城市，小资，具有一定经济基础，职场女性或全职太太。

该客户群体的行为信息：热爱生活，追求高品质的生活体验，对服装的质量有要求，愿意并且能够为此支付较高的成本，热销商品单价主要集中在100～500元和1 000～2 000元；喜欢打扮、时尚潮流，穿着场景多样化，但以职场和家居风格为主体；高素质群体，忠诚度高，客单价较高，关注物流速度，退货率中等偏下；愿意分享和互动，喜欢刷微博和抖音，经常参加店铺活动，重视性价比，大额优惠券和专属福利能对其产生一定激励作用。

全渠道客户旅程体验图呈现了客户画像、客户旅程、客户体验、企业旅程和核心机会点等信息，可视化、逻辑化和简洁化地展现了全过程的客户体验。在客户购物的主动搜索、同类比较、产生兴趣、促成行动和秀出宝贝的五个阶段，客户和企业分别经历了一系列的行动步骤，二者之间也出现了多个接触点。当企业提供的产品和服务与客户的期望一致时，则客户感到满意，产生愉悦的体验；当企业提供的产品和服务超过客户的期望时，则客户感到非常满意，产生十分美妙的体验；当企业提供的产品和服务低于客户的期望时，则客户感到不满意，产生糟糕的体验。客户体验分为感官体验和情感体验，前者与产品紧密相关，后者与服务密不可分，其满意度在图中以表情图标表示：将满意度分为好、中、差三个级别，不同的表情图标代表不同级别的满意度，表情图标的大小代表不同级别满意度的强弱程度，其中，图标越大，程度越强。客户在购物时一般经历了从听说到跨平台分享16个步骤，企业也调用内外部资源进行响应。从消费者行为角度来看，客户在听说、搜索、询问、跨平台比较、产生好感、形成意向、等待和跨平台分享8个步骤中不满足于单一的网络零售平台，期望通过全渠道获取产品和服务，而该服装企业仅能在其中的4个环节通过口碑、客服、购物车和发货等步骤实现，另外4个环节则存在明显不足，与消费者的行为习惯有一定差距。因此，客户在跨平台比较和跨平台分享时已表现出明显的不满意。另外、客户也反映部分商品发货慢，特定情境的服装款式不足等。服装企业需要密切关注接触点，优化产品和服务设计。通过分析，该企业很快聚焦了问题，主要是互动方式陈旧、口碑裂变效果不佳。应对策略是加强微博管理，逐步拓展微信、抖音、小红书等社交平台，并考虑开设线下体验店。

（四）服装企业全渠道营销策略

全渠道营销不仅涵盖全渠道销售，还包括全渠道的产品设计和生产、全渠道的服务、全渠道的定价、全渠道的店铺位置和环境，以及全渠道的传播或沟通。全渠道营销与全渠道销售概念的最大不同在于，它增加了选择目标顾客、设定渠道数量和结构，并根据渠道偏好对目标顾客进行细分和营销定位，以及匹配相关产品策略等内容。因此，全渠道营销是一个系统工程，迫切需要服装企业在全渠道客户旅程体验图的基础上，制订切实可行的方案。

1. 定位服装品牌，精准选择目标客群

通过网络市场细分，能够发现市场机会，比如目前的网络零售市场中，存在着大量的女装店铺，虽然它们的经营模式不同、服饰风格各异、但是中低档品牌相对密集、产品同质化严重、竞争激烈。通过网络市场细分发现，中高端女装品牌市场相对空缺。新兴的女装品牌如果把产品定位在高端品质，则有一定的市场机会。另外，既有的网络服装品牌已经形成了一定的品牌调性，拥有一批稳定的顾客群体，需要继续寻找自有品牌与其他品牌的差异，在市场定位时突出品牌的个性化特点和优势。这里所研究的女装企业将品牌定位为高端日系品质女装，目标客群为一线和二线城市的成熟小资女性，该店铺最大的优势是通过高品质的日系面料、时尚款式，以及高性价比俘获了大量对品质有较高要求的女性消费者。在确定了品牌定位和目标客群后，关键的问题是如何与目标顾客建立精准联系，如何创造渠道的接触点。

2. 调动渠道资源，全面提升顾客体验

全渠道营销的宗旨是在适合的基础上融合尽可能多的渠道类型。渠道是企业与目标客群接触的桥梁，渠道的类型和数量由消费者的需求和行为习惯决定。服装企业需要在全部渠道范围内实施渠道选择的决策，然后根据细分目标顾客对渠道类型的不同偏好，实行不同或相同的营销定位。

首先，网络服装企业选择成熟的公共或自有网络零售平台面向消费者群体，现有的第三方网络零售平台有天猫、淘宝、唯品会、京东商城、当当网、拼多多等；社交媒体平台是现阶段热门的渠道选择，比如微博、微信、抖音、快手、小红书等；线下渠道主要表现为体验店、会员店等实体店，以及物流企业等。

其次，根据服装顾客的消费习惯，进一步确定选择渠道的类型和数量。在购买前主动搜索阶段，消费者会通过亲戚朋友、消费评论、社交网站等多种途径获取商品信息，并使用移动智能设备随时随地发起检索，主动借助强纽带或弱纽带进行询问。第一阶段至少需要网络零售渠道和社交媒体渠道。经过信息搜索和阅读，消费者会把兴趣范围缩小，聚焦在具体的款式或类别上，于是进入同类比较阶段。消费者此时有了相对明确的意向，会把信息获取的范围扩大，除了在企业店铺中比较商品外，还会在第三方平台甚至多渠道中广泛比较同类商品，不少消费者产生了线下实体店体验商品的需求。第二阶段需要网络零售渠道、社交媒体渠道和线下渠道等全渠道。经过充分比较后，如果有商品能成功吸引到消费者并使之产生好感，则商品购买意向基本形成。第三阶段一般需要线上网络零售渠道和线下渠道。当消费者认同商品卖点，则进入实质行动阶段，选择商品、下订单、支付、等待发货、确认收货，消费者期望在最短的时间内获得与自己预期相符的商品。第四阶段也需要线上网络零售渠道和线下渠道。当商品送达消费者手中，且消费者感到满意，则会主动或被动产生分享的需要。第五阶段需要网络零售渠道和社交媒体渠道。

最后，从接触点入手，选择合适的各类渠道，尽可能提高客户体验。比如案例中的服装企业，其消费者在同类比较和秀出宝贝阶段表达出明显的对社交媒体渠道的诉求，以及增设线下渠道的建议，那么，服装企业当务之急就是加强已有微博账号的内容管理，并逐步拓展到微信、抖音、小红书等社交平台。并考虑在企业资源允许的情况下，尽快开设线下体验店。不同的渠道互相配合，面向目标客群中的不同细分市场，从而巩固阵地。再比如，该服装企业的消费者虽然是中高收入群体，但也关注性价比，店铺热销商品单价主要集中在100～500元以及1 000～2 000元；消费者主要集中在一线和二线城市。那么增设抖音、小红书等渠道有助于渠道下沉，拉近与100～500元消费档次和二线城市的消费者的距离，甚至进一步扩展到三、四线城市的目标受众；在北上广深等城市增设体验店能进一步巩固1 000～2 000元消费档次和一线城市的消费者；增设的微信和京东商城对于扩大目标受众群体有很大帮助。针对接触点进行渠道选择和服务设计、制定不同的营销计划，有助于全面提升顾客体验。

3. 打通线上线下，整合网店与实体店

全渠道营销，就是运用有效的手段，把信息流、资金流、物流高效组合，尽可能接触消费者。打通线上线下资源，整合网店与实体店等渠道，是目前实现"三流"高效组合的实现途径之一。网络服装品牌将影响力从线上向线下辐射、可以借助体验店或会员店。

第一种实体店模式，线下渠道负责信息流，网络零售平台负责资金流和物流。这种模式被称为"体验店"。通过开设体验店，一方面提供老顾客试穿体验、同类比较的场所；另一方面吸引线下新顾客的关注，为线上引流。因为线上、线下的成本结构不同，线下销售的成本一般比线上高很多，所以体验店的主要功能是展示商品、提升品牌形象，以及创造美好的消费体验。第二种实体店模式，公共或自有网络零售平台主要负责信息流、资金流，功能是获取更多的顾客并提供便捷的支付途径，而线下的直营店、加盟店负责物流，并因此获取合理利润，这种模式被称为"会员店"。比如优衣库就是会员店模式，它不仅实现线上线下价格统一，而且支持天猫下单、线下取货。这样不仅避免了排队，大幅提升了效率，而且可以增加线上网店的销量，从而吸引更多的消费者。体验店是从线下获得客户，反哺线上；会员店是从线上获得客户，反哺线下。

在服装企业初具规模时，可以考虑先增设线下体验店，尝试打通线上和线下的渠道，整合资源。随着综合实力和品牌价值不断增强，再逐步开设会员店。不同的时期目标不同，营销的方式方法也有所变化。体验店阶段主要以吸引注意力、增加消费者体验、塑造品牌形象为主；而会员店阶段，则是系统化运营，合理分配利润，帮助消费者实现无缝连接的优质体验。

4. 借助科技力量，力求实现智能零售

近年来，阿里巴巴、苏宁、京东等巨型零售企业先后提出了"新零售""智慧零售""无界零售"等概念，这些概念都隐含着全渠道零售的内容。借助科技的力量，实现智能零售，开展全渠道营销，其最终目的是提升用户体验和消费者满意度，从而实现企业目标。智能零售应是商业智能闭环，具有数据动态化、场景系统化、逻辑算法化和交付服务化等特征。特斯拉是一个典型的智能企业，它的无人驾驶新能源汽车、Space X、脑机芯片等项目均已或即将实现"四化"。亚马逊的无人超市Amazon Go也有黑科技加持，通过线上线下整合提供智能服务，让消费者便捷、准确地购买到心仪的商品。对于服装企业而言，可以跟踪消费者的行为轨迹，收集消费者在不同渠道的信息数据，实现数据动态化；设定目标，比如让消费者感受沉浸式的服装消费体验，接着在线上和线下创造不同的体验场景，如线上设置智能3D试衣间，运用虚拟现实（AR）或增强现实（VR）技术模拟现实试衣场景，既有趣又有用，另外在线下设置体验店，真实可接触的店员服务加上协同系统提供极致的消费体验，实现场景系统化；消费者是否能感受到沉浸式的服装消费体验，消费者能否在购物过程中感到极大的舒适度，需要让算法来保障，实现商业逻辑算法化；最后消费者购买商品，享受服务，评价体验，无须懂得服装企业内在的智能系统和商业逻辑，即实现交付服务化。

第四章　数据驱动的多渠道多类型网络广告效应

第一节　多渠道网络广告的即时效应

广告的即时效应是指广告展示之后短时间内对消费者行为（如广告点击、购买等）的影响。本节的网络广告即时效应测评实证建模分为两个部分：第一部分是多渠道网络广告（搜索广告、邮件广告、短信广告）的即时效应评价，即以购买量作为决策变量（即时效应评价目标），研究不同类型的广告对购买量的影响，初步探寻不同类型网络广告的即时效应；第二部分是多渠道网络广告（搜索广告、邮件广告、短信广告）的购买转化机制模型，即通过用户点击广告之后的站点访问行为与购买行为，以是否购买作为决策目标，探索通过不同网络广告进入站点的用户之间的行为异同点，进一步分析网络广告对消费者最终购买决策的影响机制。

一、数据说明

（一）数据来源

本节实证分析数据均来自一家互联网保险代理公司，该公司作为第三方保险中介平台，为中国平安、中国人寿、泰康人寿等大型保险公司提供线上保险咨询、购买、理赔、保全等一系列服务。此处使用的数据主要来自该公司的日志数据，即用户进入站点之后的一系列访问行为，包括访问 IP、访问时间、用户 cookie、访问请求、访问来源、来源关键字等数据。

笔者以该公司 2016 年 6 月 1 日至 2017 年 6 月 21 日共计 385 天的日志数据作为原始数据。通过交流得知，该公司投放的网络广告主要包含以下三类：

一是搜索广告：该企业在国内几大搜索引擎（百度搜索、搜狗搜索和360搜索）投放关键词广告，用户可通过关键词搜索站点或企业相关产品。这是该企业主要采用的网络广告形式。

二是短信广告：该企业通过手机短信的方式向注册用户发放广告，内容包括产品促销广告、特殊日期活动（国庆、寒暑假）等。企业发送的内容通常是产品或活动的简要介绍和网页链接，该网页链接指向手机浏览器。

三是邮件广告：与短信广告类似，企业邮件广告为注册用户提供优惠活动推荐及新产品推广。

笔者将从这部分日志数据和三大广告类型出发，研究网络广告的即时效应和溢出效应。笔者在数据观察中发现，通过网站内部自定义的广告关键词匹配，这385天共匹配到1 361条邮件广告点击记录和45 490条短信广告点击记录，而搜索广告每天的点击量就可达到数千条，三种类型广告的点击数据出现极大的不均衡。为了避免数据不均衡对后续建模结果的影响，笔者对数据进行了如下均衡处理：

一是选取所有的邮件广告和短信广告点击及同用户的页面访问记录，即先获取所有的邮件广告和短信广告点击记录，再获取日期和cookie两者匹配用户当天的所有访问记录；

二是在搜索广告方面，在385天中随机抽取20天的搜索广告点击及同用户的站点访问记录（筛选这20天的用户访问记录，包括搜索广告点击的用户）。所抽取的日志数据的初步统计结果见表4-1。

表4-1 日志数据的初步统计结果

统计量	结果
总访问量	56 696 878 条
搜索广告点击次数（20天）	194 609 条
邮件广告点击次数	1 361 条
短信广告点击次数	45 490 条

（二）数据预处理

合作公司提供的原始日志数据包含 IP 序列号、访问日期、访问时间点、cookie、用户代理、访问请求和访问来源等用户字段。笔者采用 Web 数据挖掘方法，遵循"数据获取—数据预处理—属性计算—属性选择—模型建立与评价"的路径进行实证研究。这里主要介绍此次实证研究的数据预处理部分，根据实证研究内容的不同，需要对原始数据进行以下全部或部分数据预处理工作：

1. 数据清洗

网站日志数据中包含大量与真实用户属性无关的记录，如网站爬虫访问记录、用户对资源的请求（如图片、二维码等 get 请求）、部分网站内部标志为异常访问的记录，这部分数据作为噪声数据应予以删除。

2. 用户识别

与有些研究者所使用的整合数据不同，本节实证研究采用的是用户个体层面数据，即每个用户各自的行为特征数据，以更好地观测和理解网络广告带来的实际效益。在用户识别上，现有的研究多采用 IP 地址、cookie 或者两者结合的方法，但无论是三种方法中的哪一种，都无法解决 cookie 缺失（用户记录或网站记录缺失）时的用户识别问题。因此，这里采用 cookie、IP 地址与用户代理三者相结合的方式对用户进行识别和切分。这里的用户代理是指用户所使用的设备型号，如浏览器类型及版本号。与之前仅通过 IP 地址或 cookie 进行识别的方式相比，两者结合的识别方式当时就能对用户进行更加准确的切分，具体过程如下：

一是根据是否存在 cookie 对用户进行划分，对存在 cookie 的用户，根据 cookie 赋予唯一识别号，这是识别的第一准则。

二是对不存在 cookie 的用户分以下两种情况：如果某个 IP 地址对应多个用户设备号，根据用户设备号赋予用户唯一识别号；如果某个 IP 地址仅对应一个用户设备号，那么这个 IP 地址的所有记录均为该用户设备号记录，即记为一份用户唯一识别号。

用户识别之后获得的是每一个用户单天的所有访问记录，由于单个用户单天可能存在多次访问会话，因此在用户识别之后，应根据研究内容的不同确定是否需要进行会话切分。用户会话是指用户对企业站点的单次有效访问，包含若干个连续请求页面。会话切分是 Web 数据挖掘中常见的数据预处理过程之一。现有的会话识别方式主要基于启发式的切分方法，具体包括：

一是时间上界切分法，即设定某个上界阈值，当用户在站点停留时间高于该上界阈值时，认为新会话开始。

二是时间间隔切分法，即依据访问记录时间间隔对用户会话进行切分，也就是说，当用户连续两条访问记录之间的时间间隔大于某个阈值时，这两条记录被切分为两个会话。

三是最大向前参引模型法，该方法认为用户不会重复访问之前访问过的页面，即如果用户在浏览页面时通过浏览器的"返回"按钮返回之前页面，则认为新会话开始。

四是参引页切分法，即将某些固定页面设置为"参引页"，当用户访问某个参引页且该参引页未在之前访问历史中出现过，即认为新会话开始。

这里采用第二种会话识别方式，根据数据来源站点的自身网页特性，结合与公司内部人员的交流及前人的研究总结，最终以 30 分钟作为网页页面会话切分的时间间隔，以 800 秒作为移动端页面会话切分的时间间隔。

二、网络广告即时效应评价模型

（一）网络广告即时效应的几个假设

在网络广告即时效应建模时，应以详尽可能性模型（ELM）中的基本理念——用户卷入度（或称介入度）为切入点。详尽可能性模型由心理学家理查德·E. 派蒂（Richard E.Petty）和约翰·T. 卡乔鲍（John T.Cacioppo）提出，其中心观点将消费者态度转变的过程归纳为中心路径和边缘路径。在 ELM 模型中，不同消费者对广告或其他营销信息的处理模式如下：当卷入度较高时，消费者个体动机较强，会主动付出努力来获取信息，谨慎考虑现有方案利弊并最终采取行动，此时更为有效的说服路径为中心路径（围绕产品或服务的自身特性，如品牌、性能等）；反之，当卷入度较低时，消费者自身动机较弱，较少付出自身努力而更多通过外围的渠道如他人推荐等被动接收信息，且信息处理方式较为粗糙，此时销售者应通过边缘路径进行劝说（着重于与产品自身无关的外在因素，如公众人物效应、促销等）。例如，在广告渠道评价方面，消费者卷入度高的广告渠道会带来更为持久的态度转变，从而在很大程度上预示消费者的购买倾向。因此，探讨不同网络广告中的消费者卷入度对网络广告自身效应评价及渠道优化具有重要意义。

在传统的如电视广告、印刷广告等形式下，消费者只能被动地接收广告信息而无法选择避免接收不需要甚至是扰人的广告信息，而在互联网环境中，消费者对信息处理过程具有较高的主观性，可以选择是否点击广告甚至直接利用插件屏蔽网络广告。因此，当消费者主动产生广告点击行为时，我们有理由认为其对产品、品牌或是广告形式产生了一定的兴趣，即产生了正向的购买可能性，为此，可以做出如下假设：

$H2.1a$：搜索广告对消费者购买倾向有正向影响（正向的即时效应）。

$H2.1b$：短信广告对消费者购买倾向有正向影响（正向的即时效应）。

$H2.1c$：邮件广告对消费者购买倾向有正向影响（正向的即时效应）。

搜索引擎营销（SEM）的内容大部分为事实性认知信息（如公司名称、产品介绍等），因此，当消费者积极地对关键词进行搜索并处理搜索结果时，可以认为消费者具有较高的卷入度且广告内容直接与该消费者的需求相关。此外，从该企业的广告投放策略可知，除去特定节日的促销广告，大部分短信广告是针对已注册用户关注的产品去提供优惠信息，偏向用户个性化定制，因此广告接收者对短信内容兴趣较大，优惠刺激下的购买可能性也随之增高；而邮件广告整体投资小且绝大部分为通用优惠券，偏向大众化营销。综上所述，可以做出如下假设：

$H2.2a$：在三种广告类型中，搜索广告对消费者购买倾向的影响最大（即时效应最强）。

$H2.2b$：在三种广告类型中，邮件广告对消费者购买倾向的影响最小（即时效应最弱）。

（二）网络广告即时效应测评模型构建

即时效应评价模型的基本模型来自 Ralph Breuer 和 Malte Brettel 提出的对四种类型网络广告的即时效应与遗留效应评价模型，原模型如下：

$$S_t = a + bAdv_t^* + e_t \quad \text{（式 4-1）}$$

其中，S_t 表示第 t 天的销售总量，Adv_t^* 表示单个类型广告在第 t 天的广告效应，其推导方式为：

$$Adv_t^* = \left[(1-\lambda)Adv_t + \lambda Adv_{t-1}^*\right] \quad \text{（式 4-2）}$$

其中，参数 λ 表示网络广告的遗留效应。由于此处不讨论广告的遗留效应，即不考虑当天的广告展示与点击对未来购买可能性的影响，因此省略该参数，此时模型转化为：

$$S_i = a + b_1 Sea_i + b_2 Sms_i + b_3 Ema_i + e \quad \text{（式 4-3）}$$

其中，Sea_i、Sms_i、Ema_i 分别表示第 i 个用户的搜索广告、短信广告、邮件广告点击次数；S_i 表示当天第 i 个用户的购买次数；b_1 表示搜索广告的即时效应；b_2 表示短信广告的即时效应；b_3 表示邮件广告的即时效应。

（三）数据与模型结果

根据网络广告即时效应研究模型，对原始日志数据进行数据预处理。需要注意的是，此处模型只需进行用户识别而无须进行会话识别，在进行数据预处理之后，应进行用户属性计算，分别计算每个用户每天三种广告的点击数和购买次数，统计结果见表 4-2。

表 4-2　即时效应数据统计用户数平均值

变量代码	变量含义	用户数	最大值	平均值
Sea_num	搜索广告点击次数	63 011	23	0.8466
Sms_num	短信广告点击次数	33 830	24	0.4437
Ema_num	邮件广告点击次数	1 132	11	0.0146
Buy_num	当天购买次数	2 501	6	0.0449

在数据观察中发现,无论是点击记录还是点击用户数,在三种广告类型中,搜索广告点击量最多,短信广告次之,邮件广告点击量最少,且结果数据存在极大不均衡(搜索广告点击量约为邮件广告点击量的60倍)。这一数据结果的出现与网站网络广告的投资力度有关。现有网站的广告投放,也是搜索广告为主、短信广告次之、邮件广告极少。由于数据存在较大的不均衡,笔者通过抽样对样本量进行均衡,最终获得表4-2所示的统计结果。在广告点击次数分布直方图(图4-1)上,三种广告类型均呈现明显的"L"形,即随着点击次数的增加,达到这种点击量的用户急剧减少。同样地,购买次数也是如此。在图4-2中,上三角表示的是四个用户属性两两之间的相关性系数,显然三种广告类型均与购买次数呈低相关关系,且搜索广告与购买之间的相关系数最高。下三角表示的是两个属性间的散点图分布、相关椭圆及局部回归平滑。相关椭圆是变量之间如何相关的可视化结果,椭圆越被拉伸,其相关性越强,即越靠近圆形,相关性越弱,如图中的搜索广告与购买行为、短信广告与购买行为之间的相关椭圆,相较于其他变量,表现出更强的相关关系。局部回归平滑表示两个变量间的一般趋势,如搜索广告点击和购买之间呈倾斜上升趋势,表明购买行为随搜索广告点击次数的增长而增加,这也与相关系数矩阵结果一致。

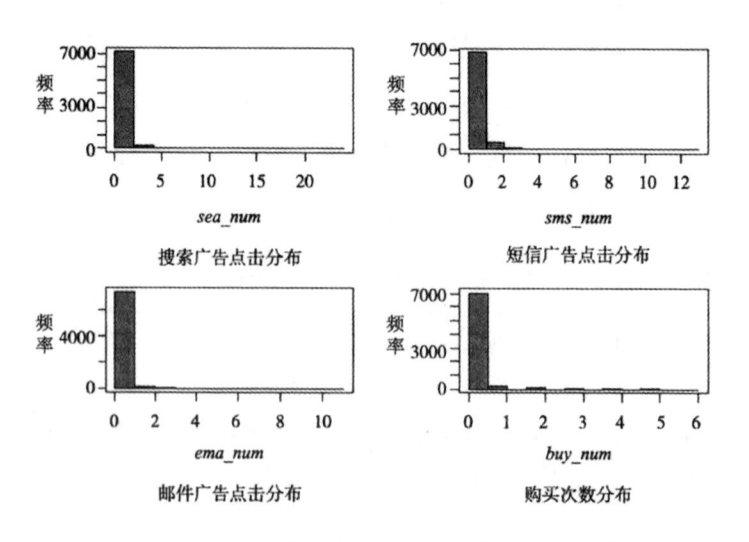

图4-1 三种广告点击次数、购买数分布

对抽样样本进行多元线性回归，得到表 4-3 所示结果。首先，各个参数的 t 值均小于 0.01 且星级均为三星，表明模型回归效果显著，参数通过检验；其次，模型整体 p 值也小于 0.01，回归模型显著，因此，最终回归方程为：

$$S = -0.114 + 0.156 Sea + 0.164 Sms + 0.142 Ema$$

从参数结果上看，与前期假设基本一致。三个用户属性系数均为正，表明接受 H2.1a、H2.1b、H2.1c；短信广告系数最大，邮件广告系数最小，表明拒绝 H2.2a、接受 H2.2b。假设结果见表 4-4。

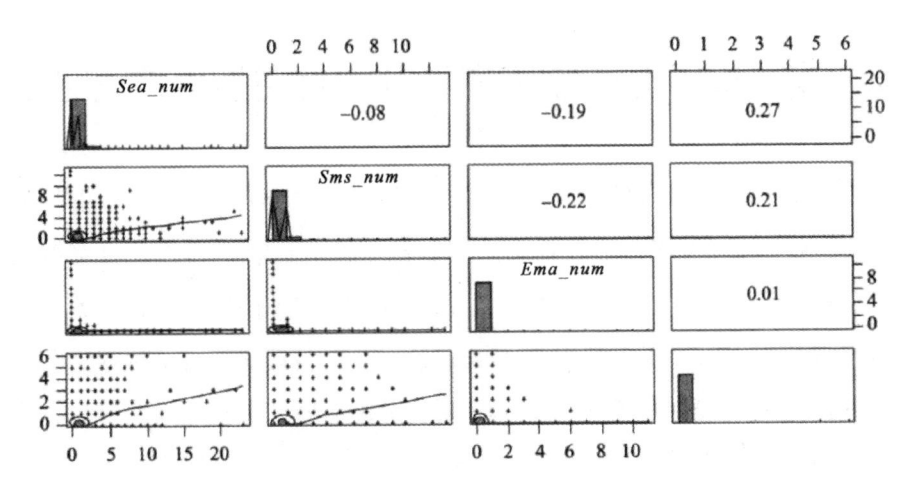

图 4-2　三种广告点击次数与购买次数的散点图矩阵

表 4-3　建模结果

	系数	标准差	误差	t 值	Pr（>|t|）
常数项	−0.114	0.009412	−12.13	< 2e−16	***
Sea_num	0.156	0.005429	28.82	< 2e−16	***
Sms_num	0.164	0.006898	23.80	< 2e−16	***
Ema_num	0.142	0.012760	11.12	< 2e−16	***

注：*** 表示在 0.001 的水平上结果显著。

表 4-4 假设结果

假设	检验结果
H2.1a：搜索广告对消费者购买倾向有正向影响（正向的即时效应）	接受
H2.1b：短信广告对消费者购买倾向有正向影响（正向的即时效应）	接受
H2.1c：邮件广告对消费者购买倾向有正向影响（正向的即时效应）	接受
H2.2a：在三种广告类型中，搜索广告对消费者购买倾向的影响最大（即时效应最强）	拒绝
H2.2b：在三种广告类型中，邮件广告对消费者购买倾向的影响最小（即时效应最弱）	接受

第二节　基于电子忠诚度细分的付费搜索广告效应

Kenshoo 在《2019 年第一季度网络广告报告》中指出，网络广告的快速增长主要来源于付费搜索广告、社交广告和电子商务广告。其中，付费搜索广告的市场规模在 2019 年第一季度同比增长 11%，点击率同比增长 25%，可见付费搜索广告的市场规模在稳步增长。这里，付费搜索广告又称搜索关键词广告，指搜索引擎通过拍卖的方式向广告主分配有限的关键词及广告位，优先显示竞价成功的广告主信息，从而显著提高该信息的关注度或点击量的广告模式。付费搜索广告是响应用户在搜索引擎上发出的查询后展示的广告，因而更符合消费者需求，不易引起反感。这一特性使付费搜索广告逐渐发展为企业营销策略的重要组成部分。然而，近年来，按点击收费（CPC）不断增长导致广告成本上涨，在有限资源的约束下，企业管理人员往往会忽视对付费搜索广告投放策略进行调整，这实际上是由企业管理人员对付费搜索广告的效果缺乏有效的认知造成的。如何对付费搜索广告的效果进行科学测评，为营销决策的调整提供参考，已成为电子商务企业在实践中重点关注的问题。

一、付费搜索广告效应相关研究

（一）付费搜索广告效应

付费搜索广告效应相关研究主要从付费搜索广告效应测评及付费搜索广告

效应的影响因素两方面展开。

在付费搜索广告效应测评方面,现有研究主要从付费搜索广告的即时效应测评和遗留效应测评两方面展开。付费搜索广告的即时效应,是指客户在点击付费搜索广告后短时间内对其网站访问与购买行为的影响。这方面的研究主要基于付费搜索广告的点击率、转化率等统计指标来反映付费搜索广告的即时效应。若尔特·卡托纳(Zolt Katona)和米克洛斯·萨瓦里(Miklos Savary)在早期的研究中,通过比较自然搜索链接和付费搜索广告链接的点击率和购买转化率发现,付费搜索广告链接的点击率和购买转化率明显高于自然搜索链接,由此验证了付费搜索广告的有效性。有学者以某商业搜索引擎公司的客户访问日志数据为基础,通过分析网络客户与付费搜索广告的实际交互行为,发现付费搜索广告能有效地提高客户广告点击量。还有学者通过构建动态博弈模型进一步探究了付费搜索广告的效用,即估计客户对付费搜索广告链接的点击所产生的价值,发现客户对付费搜索广告链接的一次点击所产生直接利润的平均值约为24美分。有学者基于某酒店在Google上投放广告的数据,通过二进制Logit模型预测广告链接的点击可能性,以衡量广告链接的潜在价值,研究发现,付费搜索广告链接的潜在点击率比自然搜索链接的高出10倍以上。

早在1965年,有学者就提出广告的效应不仅包括即时效应,还包括遗留效应。付费搜索广告的遗留效应具体表现为客户在当期对付费搜索广告的点击行为对其后期广告点击行为与购买行为的影响。有些学者进一步对付费搜索广告的遗留效应展开了研究。有学者基于欧洲在线零售商提供的广告各个时期的支出数据和收入数据,运用结构向量自回归模型和脉冲响应分析法比较分析了九种广告的有效性。其中,付费搜索广告各个时期的支出对购买的影响验证了付费搜索广告在各个时期的效果及其效果随时间的变化。一些学者在以往对付费搜索广告即时效应研究的基础上,进一步探究了付费搜索广告的遗留效应,即使用Nerlove-Arrow模型评估付费搜索广告的效果,并构建一个贝叶斯动态线性模型探究付费搜索广告效果随时间推移的变化,验证了付费搜索广告所产生的品牌印象对其后点击量与转化量的长期影响。此类研究主要关注付费搜索广告遗留效应的强度及其长期影响在各个时期的变化,但无法确定付费搜索广告遗留效应的持续时间，因此无法准确地反映付费搜索广告的遗留效应。为了解决这一问题，一些学者结合网络广告遗留效应的持续时间对遗留效应进行测评。他们基于某图书在线销售平台的数据，在网络广告效应测评的直接聚合模型中引入广告的滞后影响因子，以探究网络广告遗留效应的持续时间和影响强度，并比较了横幅广告、付费搜索广告、价格比较广告及优惠券广告的即时效应和遗留效应，发现付费搜索广告遗留效应的持续时间最长。

围绕付费搜索广告效果的影响因素展开的付费搜索广告效应相关研究，主要探究付费搜索广告自身特性对其效果的影响。根据以往的研究，付费搜索广告效果的影响因素主要包括付费搜索广告的展示位置、关键词特性及网站质量等。一些学者基于某大型零售商在 Google 上投放广告的数据，采用分层贝叶斯方法构建客户跨产品类别的购买行为模型，探究付费搜索广告关键词特性对付费搜索广告效果的影响。研究发现，关键词的选择会对客户跨产品类别的购买行为产生直接影响。在此基础上，他们进一步探究了付费搜索广告的位置、关键字特征（包括关键字的内容和长度）及着陆页质量得分与客户的搜索行为、购买行为、每次点击成本及搜索引擎的排名决策之间的关系。研究发现，展示位置越高、着陆页质量得分越高的付费搜索广告，点击率和购买转化率越高。还有学者基于 Google 和 Bing 所提供的聚合广告数据，通过贝叶斯模型构建了一个点击—转化的两阶段模型，对付费搜索广告属性（广告位置、关键词特征、广告内容特征等）、点击量与购买量进行建模，探究付费搜索广告效果的影响因素。一些学者的研究验证了付费搜索广告的位置对其收益和利润的影响。在上述研究中，学者们主要以点击率和购买转化率作为付费搜索广告效果的评价指标，探究了各种影响因素对付费搜索广告点击率和购买转化率的影响程度和影响机制。

通过对付费搜索广告效应相关研究的回顾，我们发现，在付费搜索广告效应测评的研究中，对付费搜索广告遗留效应的研究成果较少，这可能会导致对付费搜索广告有效性的低估。为了更准确地评估付费搜索广告的有效性，需要从付费搜索广告的即时效应、遗留效应两个方面进行综合评估。对付费搜索广告影响因素的研究，主要目的在于探讨如何提高付费搜索广告的有效性。事实上，客户在网上浏览的过程中，会受到付费搜索广告的影响，从而点击其链接进入企业站点，对企业所提供的产品或服务进行深入了解。在此过程中，客户会在企业网站发生一系列的访问行为进而对是否购买产品作出决策。因此，付费搜索广告的效果会受到客户访问行为的影响。在传统环境下，客户的访问行为只能通过访谈等客户自我反馈的形式获取；在电子商务环境下，企业数据库所记录的用户访问日志数据为从客户行为角度探究付费搜索广告效果的影响因素提供了可能性。本节基于电子商务平台所提供的点击流数据，在构建模型对付费搜索广告效应进行综合评估的同时，进一步研究了付费搜索广告渠道客户购买转化行为，并从客户行为角度探究付费搜索广告效应的影响因素。

（二）基于客户细分的广告效应测评

涉及广告效应测评的研究，往往侧重于广告对整个市场的总体影响，即研究广告效果在所有客户间的总体反映，而没有区分广告对不同细分市场的客户群体的影响差异，这可能导致企业对广告效应认知的偏差。有学者提出，对广告效应的总体分析不足以揭示产生总体效应的不同过程，也就是说，总体上观察到的广告效果并非对所有客户都有效。为了更准确地认识广告的效应，需要区分广告对不同细分市场客户的影响，帮助企业明确不同类型广告的目标群体，特别是按忠诚度细分的市场，这样企业才可以根据营销目标更有效地调整广告投放策略，进而提高预算分配的有效性。

在传统环境下，学者们验证了忠诚度在广告效果的研究中是一个有用的细分变量。有学者使用日记记录法记录的购买和报纸广告支出信息数据，测量忠诚度细分市场对广告支出、价格和交易水平的响应差异，发现忠诚客户和非忠诚客户在价格敏感度方面存在差异，但报纸广告对忠诚客户和非忠诚客户的影响没有明显差异。之后，有学者基于某城市电视广告的消费者面板日志数据，采用回归分析方法研究了电视广告的曝光在各个时期对不同忠诚度客户购买行为的影响，研究结果表明，电视广告对高忠诚客户和低忠诚客户产生的影响存在明显差异，且其效果会随时间的变化而有所不同。有学者认为，广告效应通常是非线性的，广告对购买量的影响是由品牌忠诚度来调节的。还有学者基于金融服务提供商的保险业务数据，探究了杂志广告和邮件广告对不同细分市场客户购买行为的影响。他们一方面基于人口统计特征（收入、年龄）将客户划分为四类，另一方面基于客户行为特征，通过 RFM 模型将客户划分为忠诚客户与非忠诚客户。研究表明，杂志广告对忠诚客户更有效，而邮件广告对非忠诚客户更有效。他们还指出，通过忠诚度这一细分变量探究广告效果的差异对企业营销决策的调整更有意义。

相比之下，在电子商务环境下，对网络广告有效性在不同客户群体间影响差异的研究相对较少。有学者基于 eBay 进行的一系列大规模现场实验所获取的数据，探究付费搜索广告效果的影响因素及其在新客户、非活跃客户和活跃客户之间的差异。研究发现，包含非品牌关键词的付费搜索广告会对新客户和非活跃客户的购买行为产生积极影响，但对活跃客户的购买行为未观察到显著影响，并且由于活跃客户在企业中的比重很大，因此付费搜索广告对客户购买行为的影响在总体上并不显著。这一研究结论同时表明，未细分付费搜索广告对不同客户群体的影响会造成对付费搜索广告效果认知的偏差。一些学者基于某图书在线销售平台的数据，比较了横幅广告、付费搜索广告、价格比较广告和优惠券广告的短期影响和长期影响在新客户和老客户之间的差异，发现价格比较广告对新客户更有效，优惠券广告对老客户更有效，而付费搜索广告对新客户和老客户均有效。

通过对基于客户细分的广告效应相关研究的回顾，可知在传统环境下，研究数据主要来源于客户日记记录或从广告商处获取的广告支出和产品销售数据，基于这些数据开展研究的问题在于无法区分客户的购买行为是由广告引致的还是非广告引致的，因此难以准确地反映广告对个体客户的实际影响。但是，相关研究仍为广告效果在不同忠诚度客户群体间存在差异这一观点提供了证据。相比之下，少有研究区分网络广告对不同客户群体的影响，并且尚未有研究以忠诚度作为市场细分变量讨论付费搜索广告效果在不同客户组间的差异。随着付费搜索广告成本的增加，明确付费搜索广告的目标群体对企业调整付费搜索广告的投放策略、提高广告投入的有效性具有重要意义。本节在付费搜索广告效应测评的基础上，进一步探究付费搜索广告的效应在不同客户组间的差异。

二、电子忠诚度细分相关研究

（一）电子忠诚度细分

客户忠诚通常被定义为客户对企业所提供的产品或服务的偏好，会引起客户的重复购买行为。客户忠诚度是对客户对企业忠诚程度的量化描述。随着网络购物的出现，企业开始从传统营销转向线上营销，由此衍生出电子忠诚度这一概念。一些学者将电子忠诚度明确定义为电子商务客户在以往的购物经验与对未来预期的基础上，愿意再次在企业发生购买行为的意向，并认为电子忠诚度是电子商务企业取得成功的关键因素。电子忠诚度的研究引起了学者们和管理人员的兴趣。关于电子忠诚度的研究，学者们依然沿用对客户忠诚度研究的范式，主要从客户的态度忠诚和行为忠诚两个角度展开。吉尔·格里芬（Jill Griffin）提出客户态度忠诚是一种潜在忠诚，而客户真正的忠诚表现在其行为上。因此，相较于态度忠诚，客户的行为忠诚更为重要。国内外的学者在开展电子忠诚度相关研究时，更倾向于从态度忠诚的角度进行评价，虽然已有学者从行为忠诚的角度进行研究，但这些研究主要围绕客户的购买行为展开，而忽视了客户的访问行为，使得电子忠诚度的评价存在一定的不足。笔者基于营销大数据，在用户忠诚度评价指标体系中纳入访问行为等数据，以期改进传统环境下忠诚度市场细分的不足。

（二）电子忠诚度评价指标的选取

笔者从行为忠诚的角度出发，结合访问行为和购买行为构建电子忠诚度的评价指标体系，并将客户忠诚度的评价指标划分为三个层次：客户忠诚度指数为第一层次的指标，即一级指标；第二层次的指标由客户忠诚度的评价维度构成，包括访问忠诚和购买忠诚，即二级指标；第三层次的指标为各评估维度下所提取的用户行为特征指标，即三级指标。

对电子忠诚度进行评价的目的在于衡量客户对于企业的价值。客户的购买行为能有效地反映客户在企业创造的价值，是对客户价值的直接反馈。研究人员围绕购买行为对电子忠诚度的评价进行了研究。相关研究通常基于RFM模型，提取最近一次消费的时间、频率及金额作为电子忠诚度的评价指标。RFM

模型作为衡量客户价值及其创利能力的重要工具，是电子忠诚度研究中最常用的模型。因此，这里以RFM模型的指标体系为基础，对评价指标进行扩充，主要从以下三个方面评价客户的购买忠诚。

一是客户创造的价值：客户创造的价值是指客户在来到企业后所累积的对公司利润的贡献，具体体现为客户购买行为所累积的金额，即购买金额。一般来说，客户在企业消费的金额越高，对企业的利润贡献越大，相对而言，客户的忠诚度也越高。由此，此处提取了购买金额这一指标。

二是客户的满意程度：客户的满意程度是指客户对企业所提供的产品或服务的满意程度。这主要反映在客户购买行为的持续性上，具体体现为客户的重复购买行为，即购买次数。由于在网络购物中购物车功能的存在，客户的一次购买在数据库中记录为客户的一个订单，而一个订单中可能包含多个产品的购买，因此需要提取客户购买产品数量这一指标。当客户更频繁地在电子商务企业发生购买并且购买产品的数量较多时，表明客户对企业所提供的产品及服务的满意程度较高。由此，此处提取了购买次数、购买产品数量这两个指标。

三是客户购买的活跃程度：客户购买的活跃程度反映在客户最近一次的购买行为上，主要体现为客户最近一次购买的金额及最近一次购买距离现在的时间间隔。理论上，最近一次的购买金额越高，且距离现在的时间间隔越小，表明客户购买行为的活跃程度和价值越高，客户忠诚度越高。由此，此处提取了最近一次购买金额、最近一次购买距今的时间间隔两个指标。

客户价值除了通过客户购买行为进行直接反馈外，还间接反映在客户的访问行为上。与购买行为所反映的直接价值不同的是，访问行为作为购买行为的前提，可以有效地反映客户购买的可能性，因此，访问行为所反映的客户价值指的是客户的潜在价值。虽然尚没有研究提出用访问行为指标对电子忠诚度进行评价，但由于它能够反映客户购买的可能性，我们仍将考虑各影响因素在访问行为上的具体表现，并基于此选取访问忠诚的评价指标。笔者结合电子商务环境的特点和电子忠诚度影响因素的相关研究，主要从以下三个方面提取电子忠诚度评价中访问忠诚维度下的访问行为指标。

一是客户的兴趣程度：客户的兴趣程度是指客户对企业本身及其所提供的

产品、服务的关注程度,具体反映在客户对企业站点页面的浏览情况上。客户对站点页面的浏览体现的是客户对企业本身的关注,而对产品页面的浏览情况则进一步反映了客户对企业所提供产品或服务的感兴趣程度。一般而言,客户访问页面数和访问产品页面数越多,意味着客户越有意愿了解企业所提供的产品及服务,对企业的认知程度越高,发生购买的可能性越大。由此,此处提取了访问页面数、访问产品页面数这两个指标。

二是客户的活跃程度:客户的活跃程度是指客户访问企业站点的频繁程度,主要体现为客户对企业站点的访问频率、停留的时间,即访问次数和访问时长。一般来说,访问越频繁、停留时间越长的客户,其活跃度越高,对企业越忠诚。目前,电子商务平台均建立了独立的客户通道,即有客户注册和登录的功能,但此类平台对游客访问所开放的产品、服务信息和网页功能有限,游客需要在企业站点注册并登录账号后才可以进行交易。这使得客户的登录行为成为一个重要的影响因素。活跃的客户可能更频繁地登录账号以寻求更多的产品和服务信息,因而更有可能发生购买行为。此外,我们还进一步将最近一次访问距今的时间间隔和最近一次登录距今的时间间隔作为反映客户活跃度的重要指标。理论上,最近一次访问及登录时间越近的客户在企业的活跃程度越高。由此,此处提取了访问时长、访问次数、最近一次访问距今的时间间隔、登录次数、最近一次登录距今的时间间隔等指标。

三是客户与企业关系的持续性:客户与企业关系的持续性是指客户在企业站点生命周期的长度,通过客户的注册时长这一指标来体现。注册时长是指客户在企业网站注册账号起至今的时间跨度。客户的注册时长越长,意味着客户对企业关注的持续性越好,客户黏性越大,也就是说,其忠诚度越高。此外,当一个新客户与一个老客户在其他访问行为指标(如访问页面数等)上的表现相同时,可以认为老客户的行为价值更高。这是因为,老客户对网站的熟悉程度比新客户高,他们可能需要比新用户更少的访问行为即可发生购买行为。由此,此处提取了注册时长这一指标。

需要说明的是,在本节中,购买忠诚和访问忠诚指标提取的时间维度不同。在评价客户的购买忠诚时,考虑的是客户已创造的累积价值,是一个长期的过程，由此，变量提取为客户的历史购买行为。在评价客户的访问忠诚时，衡量的是客户的潜在价值，即客户购买的倾向性，可通过客户近期的访问行为更好地反映。由此，访问忠诚维度下的行为指标对客户近期的访问行为进行描述即可，这里将其时间维度设置为最近一年。此外，我们所针对的客户群体是电子商务企业的活跃用户，因此提取指标时在时间维度上进行区分有助于排除仅存在历史购买行为的流失客户与仅存在近期访问行为的潜在客户的干扰。综上所述，根据现有客户忠诚度评价相关的研究成果及电子商务企业的环境背景，我们构建了电子忠诚度评价指标体系，见表4-5。

表4-5 电子忠诚度评价指标体系

一级指标	二级指标	三级指标
电子忠诚度	购买忠诚	历史购买金额
		历史购买次数
		历史购买产品数量
		最近一次购买金额
		最近一次购买距今的时间间隔
	访问忠诚	访问页面数
		访问产品页面数
		访问时长
		访问次数
		登录次数
		最近一次访问距今的时间间隔
		最近一次登录距今的时间间隔
		注册时长

（三）基于电子忠诚度的用户市场细分

1. 数据说明

本节所使用的数据均来自某互联网保险代理公司的业务数据库和网络日志数据库，即网络日志数据库中2017年1月1日至12月31日共计365天的访问数据及业务数据库中2017年12月31日（包含）以前的所有购买数据。其中，业务数据库中的每条记录由客户 ID、交易日期、交易时间、交易金额、交易产品等字段构成；网络日志数据库中的每条记录包含 IP、访问日期、访问时间、访问来源等字段。该公司作为一个第三方保险中介交易平台，为中国平安、中国人寿等多家保险公司提供代理服务。依托该平台，消费者可在线上进行各类保险产品的浏览、咨询、购买、理赔等操作。

经过数据清洗、用户识别和会话识别的数据字段仍保留为原始字段，如访问时间、交易时间等。按照一定的规则对原始字段进行数据变换，可提取出研究所需的用户行为特征变量。根据研究内容的不同，我们分别从访问数据和购买数据中提取表 4-5 中所提出的电子忠诚度评价指标，相关变量说明见表 4-6。

表 4-6 变量说明

变量名称	变量代码
客户 ID	LOGIN_ID
访问页面数	NUM_VISIT_PAGE
访问产品页面数	NUM_VISIT_PRODPAGE
访问时长	SUM_VISIT_TIME
访问次数	NUM_VISIT
登录次数	NUM_LOGIN
最近一次访问距今的时间间隔	RECENT_VISIT_SPAN
最近一次登录距今的时间间隔	RECENT_LOGIN_SPAN
注册时长	REGISTER_AGE
历史购买金额	SUM_BUY_PRICE
历史购买次数	NUM_BUY
历史购买产品数量	NUU_BUY_PROD
最近一次购买金额	RECENT_BUY_PRICE
最近一次购买距今的时间间隔	RECENT_BUY_SPAN

在分别提取了访问行为指标和购买行为指标后，通过用户身份匹配表匹配同一用户的购买行为特征和访问行为特征。需要说明的是，此次是针对企业活跃用户进行忠诚度分组，因此，将仅包含购买行为特征的流失用户记录和仅包

含访问行为特征的潜在用户记录视为无效数据并予以删除，可得到客户行为特征集，共计 30 704 条用户记录。

2. 用户市场细分

考虑到后续研究的需要，我们采用 ABC 分类法将客户分为高忠诚客户、中忠诚客户和低忠诚客户三类。ABC 分类法，又称帕累托分析法，是意大利经济学家帕累托在 1879 年提出的 80/20 法则的衍生法则。其主要思想在于，依据事物的主要特征进行分类排序，从而对事物进行差异化管理。与 80/20 法则不同的是，ABC 分类法强调区别事物的主次，并将事物划分为 A、B、C 三类。早期学者将 ABC 分类法应用于库存管理、质量管理等领域。近年来，这一方法推广到更为广泛的管理学问题的分析与实践中，包括客户关系管理。ABC 分类法应用到客户关系管理问题中，可衍生为根据客户对企业的重要性对客户进行有效的划分，以实现客户的差异化对待。根据 ABC 分类法，企业客户被划分为 A、B、C 三类：A 类客户为关键客户，在客户总数中占比为 10%～15%；B 类客户为重要客户，在客户总数中占比为 15%～25%；C 类客户为普通客户，在客户总数中占比为 60%～75%。

通过数据处理，可获得客户的访问行为指标和购买行为指标的特征值，各特征值的描述性统计分析见表 4-7。

表 4-7 客户行为特征值的描述性统计分析

变量	平均值	最大值	最小值	标准差
NUM_VISIT_PAGE	35.85	3 751	2	78.8576
NUM_VISIT_PRODPACE	17.99	2 246	2	53.85923
SUM_VISIT_TIME	8 193	1 061 879	45	27 838.58
NUM_VISIT	10.93	1 301	1	32.5696
NUM_LOGIN	15.49	1 489	0	44.10034
RECENT_VISIT_SPAN	143.2	364	0	103.7038
RECENT_WGIN_SPAN	139.2	365	0	109.8357
REGISTER_AGE	410.4	1 713	0	330.3185
SUM_BUY_PRICE	2 075.5	1 990 397.6	0.4	23 576.69

续表

变量	平均值	最大值	最小值	标准差
NUM_BUY	5.486	2 095	1	31.28583
NUM_BUY_PROD	25.7	23 398	1	223.2435
RECENT_BUY_PRICE	523.5	199 000	0.4	3 636.204
RECENT_BUY_SPAN	219.5	1 658	0	180.0633

从描述性统计分析来看，各变量的分布存在较大差异，尤其在访问时长及历史购买金额两个指标上，其分布区间极大。距今时间间隔类指标包括最后一次访问距今的时间间隔、最后一次购买距今的时间间隔及最后一次登录距今的时间间隔，均属于负向指标。对正向指标和负向指标的特征值分别进行归一化处理，可使各行为特征值处于同一个数据区间。正、负向指标的归一化方法如下：

$$x^* = \frac{x - x_{\min}}{x_{\max} - x_{\min}} \quad (式4-5)$$

$$y^* = \frac{y_{\max} - y}{y_{\max} - y_{\min}} \quad (式4-6)$$

其中，$x_{\max}$ 和 $x_{\min}$ 分别表示正向指标的最大值和最小值；$y_{\max}$ 和 $y_{\min}$ 分别表示负向指标的最大值和最小值。

此处对客户忠诚度的评价采用的是多指标综合评价的方法。针对客户忠诚度指标体系的多级结构，先综合使用专家调查法和层次分析法为各层次每个指标确定权重，然后根据各指标得分逐层汇总，获得每一用户的忠诚度指数。忠诚度指数的描述性统计见表4-8，忠诚度指数分布如图4-3所示。

表4-8 忠诚度指数描述性统计

	最小值	均值	中位数	方差	最大值
忠诚度指数	0.01108	0.32463	0.33037	0.04777	0.67000

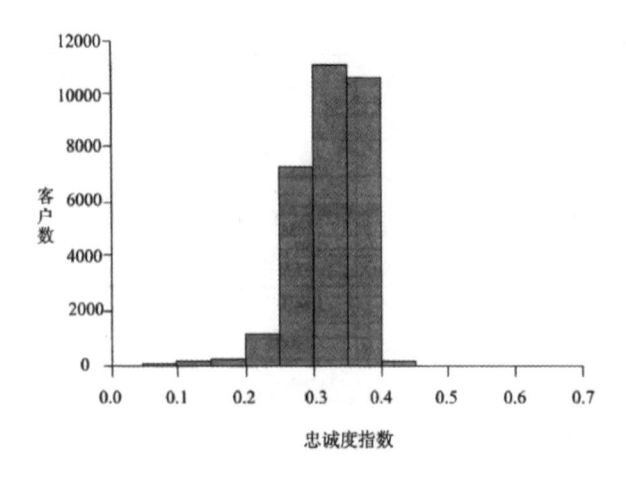

图 4-3 忠诚度指数分布

由忠诚度指数的描述性统计和客户分布可知，忠诚度指数最大为 0.67000，最小为 0.01108，其均值为 0.32463，大部分客户集中于 0.20～0.40 区间。结合 ABC 分类法，我们对客户进行如下分类：忠诚度指数为 0.38 及以上的客户为 A 类客户，即高忠诚客户，这部分客户的数量为 3 235 人，占企业客户总数的 10.54 %；忠诚度指数为 0.36 及以上且在 0.38 以下的客户为 B 类客户，即中忠诚客户，这部分客户的数量为 4 944 人，占企业客户总数的 16.10 %；忠诚度指数在 0.36 以下的客户为 C 类客户，即低忠诚客户，这部分客户的数量为 22 524 人，占企业客户总数的 73.36 %。

我们对各忠诚度分组中客户的忠诚度指数、访问忠诚评分和购买忠诚评分进行了描述性统计分析，结果见表 4-9。

表 4-9　各忠诚度分组数据的描述性统计分析参数

客户分组	参数	均值	中位数	方差	最大值	最小值
高忠诚客户	忠诚度指数	0.3887	0.3866	0.0132	0.6700	0.3800
	购买忠诚评分	0.3710	0.3691	0.0135	0.6774	0.3436
	访问忠诚评分	0.5122	0.5111	0.0302	0.8350	0.3199
中忠诚客户	忠诚度指数	0.3701	0.3703	0.0058	0.3800	0.3600
	购买忠诚评分	0.3577	0.3584	0.0062	0.4004	0.3250
	访问忠诚评分	0.4568	0.4578	0.0374	0.7000	0.2296

续表

客户分组	参数	均值	中位数	方差	最大值	最小值
低忠诚客户	忠诚度指数	0.3055	0.3121	0.0408	0.3600	0.0110
	购买忠诚评分	0.3097	0.3174	0.0385	0.3725	0.0002
	访问忠诚评分	0.2754	0.2896	0.1305	0.7183	0.0057

从表 4-9 可以看出，忠诚度指数、购买忠诚评分和访问忠诚评分均根据客户忠诚度排序由高到低依次递减。其中，购买忠诚评分代表着客户创造价值的水平，而访问忠诚评分则代表着客户潜在价值的水平。可见，高忠诚客户的创造价值和潜在价值均处于较高水平，也就是说，此类客户具有稳定的创造价值和未来增长趋势。中忠诚客户的创造价值和潜在价值略低于高忠诚客户，但其潜在价值表现良好，这意味着中忠诚客户具有较大的增长空间。对于低忠诚客户，虽然其潜在价值的均值较低，但从其最大值和最小值的跨度来看，低忠诚客户中包含潜在价值较高的群体，但综合来看，其总体的价值水平明显低于其他两类客户。总体来看，高忠诚客户和中忠诚客户的潜在价值和创造价值相对较高，是企业需要维护的客户，相对而言，高忠诚客户的维护成本较低。低忠诚客户中存在高潜在价值的客户，若能进一步对其进行识别并将其发展为企业的稳定客户，将为企业带来较大的收益。

三、付费搜索广告的购买转化

下面进一步从客户行为角度探究付费搜索广告效应的影响因素和影响机制，即研究不同忠诚度客户从付费搜索广告进入网站后的访问行为对客户购买行为的影响及差异。

（一）付费搜索广告购买转化模型

我们采用多元线性回归的方法，以客户的访问行为作为自变量，以客户的购买行为作为因变量，探究客户访问行为特征对购买行为的影响，具体模型如下：

$$y = a + \sum_{i=1}^{k} \alpha_i x_i + \varepsilon \quad \text{（式 4-7）}$$

其中，y 表示客户的购买行为特征，即购买次数；a 表示常数项；α_i 表示要估计的参数，即客户的访问行为对购买行为影响的系数，用于衡量客户的访问行为对其最终购买行为的影响程度；x_i 表示客户的访问行为特征；ε 表示随机误差。

在自变量的选择上，我们通过引入 EKB 决策模型并结合企业的网站功能对客户的访问行为特征进行选取。EKB 决策模型由 Engel、Kollat 和 Blackwell 提出，是目前客户行为研究领域的核心理论，其基本思想在于将客户的购买决策过程划分为五个阶段，即问题识别、信息搜索、方案评估、购买及购后评估。具体过程如下：

一是客户在发生购买行为前，会对自身需求形成认知从而产生购买需求，即进行问题识别。

二是客户进入信息搜索阶段，即搜寻与其购买需求相关的产品或服务的信息。

三是当客户获取到相关信息时，通常不会立即发生购买行为，而是对可能的方案进行评估。

四是客户根据其评估准则对可供选择的产品进行比较，进而选择符合其购买需求的最优方案并发生购买行为。

五是客户购买产品或服务后进行使用或体验，形成自己的感知，然后通过商家的回访或电商平台的反馈渠道进行购后评估。笔者对这一过程在电子商务环境下进行了扩展，并从中提取了影响客户购买行为的访问行为特征。

在网络购物的决策过程中，客户在产生购买需求并通过付费搜索广告链接进入站点时，会进入企业站点主页或产品详情页。其后，客户将在站点内展开信息搜索。在这过程中，客户会使用企业站点的检索板块（如菜单栏、搜索框）来搜索其所需的产品或服务信息。在获得检索结果后，客户会选择产品进行查看，并对候选产品进行对比。在此过程中，客户也可能查看与产品或服务相关的资讯板块，并最终作出购买决策。笔者将客户由站点登录至购买决策过程中所发生的访问行为归纳为客户的搜索行为、浏览行为和兴趣行为。结合企业的网站功能设计，笔者提出了本次研究所使用的访问行为特征变量。其中，搜索行为指客户在信息搜索阶段所发生的各种行为，包括搜索次数、筛选次数；浏览行为指客户在站点访问过程中对站点页面及产品信息的浏览行为，包括浏览页数、浏览产品页数、页面平均浏览时长、产品页面平均浏览时长；兴趣行为指客户对企业的功能页面所提供的产品或服务相关资讯的访问行为，包括保险学堂浏览页数、保险话题浏览页数和保险字典浏览页数。

（二）数据说明

本部分所使用的数据来自企业志数据库中的用户访问行为日志表。笔者以单次访问为单位，提取通过付费搜索广告进入站点的客户的访问行为特征和购买行为特征，数据提取的时间维度为2018年1月1日至12月31日。提取的方式与上文一致，相关变量说明见表4-10。

表4-10 变量说明

变量名称	变量代码
日期	CAL_NUMBER
客户ID	LOGIN_ID
筛选次数	FILTER_NUM
搜索次数	SEARCH_NUM
浏览页数	PAGE_NUM
浏览产品页数	PRODPAGE_NUM
页面平均浏览时长	PAGE_AVG_TIME
产品页面平均浏览时长	PRODPAGE_AVG_TIME
保险学堂浏览页数	STUDY_NUU
保险话题浏览页数	TOPIC_NUM
保险字典浏览页数	TOPTAG_NUM
购买次数	BUY_NUM
忠诚度分组	CLASS

（三）结果讨论

通过数据获取和数据处理，笔者得到了2018年1月1日至12月31日每天通过付费搜索广告进入客户的单次会话的访问行为与购买行为数据。据此，笔者根据客户忠诚度分组对数据进行了描述性统计分析，所有客户与潜在客户行为特征的描述性统计见表 4-11，不同忠诚度客户行为特征的描述性统计见表 4-12。

表 4-11 所有客户与潜在客户行为特征的描述性统计

变量	所有客户的行为特征			潜在客户的行为特征		
	最大值	均值	标准差	最大值	均值	标准差
FILTER_NUM	32	0.010	0.243	32	0.008	0.219
SEARCH_NUM	24	0.174	0.743	24	0.165	0.730
PAGE_NUM	168	8.413	9.194	142	8.152	9.417
PRODPAGE_NUM	38	1.123	2.046	33	0.873	1.809
PAGE_AVG_TIME	898.5	49.832	93.215	899	49.670	88.945
PRODPAGE_AVG_TIME	1 730	30.960	67.082	1 635	27.040	68.807
STUDY_NUU	18	0.018	0.209	18	0.025	0.246
TOPIC_NUM	13	0.002	0.073	13	0.003	0.088
TOPTAG_NUM	27	0.026	0.229	27	0.041	0.300
BUY_NUM	36	0.177	0.741	13	0.083	0.503

表 4-12 不同忠诚度客户行为特征的描述性统计

变量	高忠诚客户		中忠诚客户		低忠诚客户	
	均值	标准差	均值	标准差	均值	标准差
FILTER_NUM	0.009	0.188	0.011	0.245	0.014	0.2866575
SEARCH_NUM	0.164	0.770	0.205	0.776	0.179	0.7420084
PAGE_NUM	8.911	8.440	8.515	8.506	8.599	9.32079
PRODPAGE_NUM	1.289	2.150	1.272	2.182	1.387	2.240006
PACE_AVC_TIME	48.280	87.169	50.081	89.884	50.508	101.8352
PRODPAGE_AVG_TIME	29.200	60.481	31.66	65.273	37.150	67.20121
STUDY_NUM	0.008	0.114	0.009	0.165	0.015	0.1852174
TOPIC_NUM	0.001	0.039	0.001	0.032	0.002	0.06688046
TOPTAG_NUM	0.008	0.107	0.007	0.112	0.015	0.1534528
BUY_NUM	0.332	0.757	0.230	0.701	0.240	0.9890035

从表 4-11 和表 4-12 中可以看出，在搜索行为方面，各类客户搜索次数和筛选次数的均值没有明显差异，并且其搜索次数均高于筛选次数。搜索次数是指客户自发在站点检索栏通过关键词进行检索的次数，筛选次数是指客户使用菜单栏进行条件检索的次数。这表明，通过点击付费搜索广告链接进入站点的客户在搜寻信息时更多地使用菜单栏功能进行搜索。在浏览行为方面，浏览页数、浏览产品页数、页面平均浏览时长和产品页面平均浏览时长的均值在各客户组间均没有明显的差异。在兴趣行为方面，各类客户对保险社区所提供的相应功能（保险学堂、保险话题、保险字典）页面的使用程度较低，其中，忠诚度越低的客户的保险学堂浏览页数、保险话题浏览页数和保险字典浏览页数的均值越高，但差异不是很大。在购买行为上，购买次数的均值按客户忠诚度由高到低依次减少，高忠诚客户的平均购买次数最多，已有客户（高忠诚客户、中忠诚客户、低忠诚客户）的平均购买次数明显多于潜在客户。

由于所提取的行为特征存在量纲不同的问题，我们对数据进行归一化处理后，根据公式 4-7 对各组客户数据进行建模，建模结果见表 4-13。

表 4-13 建模结果

变量	所有客户	高忠诚客户	中忠诚客户	低忠诚客户	潜在客户
FILTER_NVM	−1.445***	−3.102***	−2.210*	−0.011***	−0.798***
SEARCH_NUM	−0.095***	−0.824***	0.247***	−1.839⋯	0.118***
PAGE_NUM	1.426***	2.937***	3.209**	−0.245***	0.624***
PRODPAGE_NUM	0.465***	−0.458***	−0.504***	2.217***	0.648***
PAGE_AVG_TIME	0.226***	0.421***	0.209***	−0.056	0.106***
PRODPAGE_AVG_TIME	−0.432***	−0.650***	−0.396***	0.282**	0.289***
STUDY_NUM	−0.918***	−1.696***	−1.043***	−0.412***	−0.477***
TOPIC_NUM	−0.504***	−1.278	−1.224	−1.009***	−0.186
TOPTAG_NUM	−1.773***	−2.991***	−1.244.	−0.989***	−0.856***

注：***、**、* 分别表示在 0.001、0.01、0.05 的水平上结果显著。

从表 4-13 中可以看出，在搜索行为方面，各类客户筛选次数的系数均为负数。这表明客户在寻找预期产品的过程中会不断更改筛选条件，随着筛选次数的增加，客户发生购买的可能性会降低。在搜索次数方面，搜索次数的系数在高忠诚客户组和低忠诚客户组表现为负，而在中忠诚客户组和潜在客户组表现为正。这意味着随着搜索次数的增加，高忠诚客户和低忠诚客户购买的可能性会降低，中忠诚客户和潜在客户购买的可能性会提高。

在浏览行为方面，浏览页数、浏览产品页数、页面平均浏览时长及产品页面平均浏览时长在各客户组均表现为显著，这意味着上述行为特征均会显著影响客户的购买行为，但在具体参数的表现上有所不同。其中，高忠诚客户和中忠诚客户的浏览页数和页面平均浏览时长的系数均为正，而浏览产品页数和产品页面平均浏览时长的系数表现为负。这表明随着浏览页数和页面平均浏览时长的增加，浏览产品页数和产品页面平均浏览时长会减少，高忠诚客户和中忠诚客户的购买倾向会增加。低忠诚客户则与之相反，这可能与客户的特性相关。高忠诚客户和中忠诚客户在企业具有丰富的购买经验和访问经验，因此，从进入站点至发生购买所需路径相对较短。低忠诚客户更多地需要对产品进行进一步比较以确定其最优选择，因此随着浏览页数和页面平均浏览时长的减少，浏览产品页数和产品页面平均浏览时长会增加，低忠诚客户更有可能发生购买。在潜在客户方面，浏览页数、浏览产品页数、页面平均浏览时长和产品页面平均浏览时长的系数均为正。潜在客户在企业没有访问和购买经验，他们浏览页数的增加，表明对企业及其所提供的产品或服务兴趣提高，对企业的认知程度得到了提升，由此，他们购买的可能性也会提高。

在兴趣行为方面，保险学堂浏览页数和保险字典浏览页数在各客户组均表现显著且为负数，而保险话题浏览页数仅在低忠诚客户组表现显著且为负数。这意味着企业保险社区功能的使用对客户的购买行为具有消极影响。企业保险社区板块的功能在解决客户疑虑上表现不佳，且客户的使用率较低，企业可以考虑优化该板块功能的设计，或在客户对该板块进行访问时主动提供服务，以促使客户产生购买行为。

总的来说，高忠诚客户和中忠诚客户属于客户价值较高的客户群体，他们对企业有足够的信任，因此更倾向于在短时间内发生购买，此类客户的耐心比低忠诚客户和潜在客户低。对企业而言，可以考虑以提供短期优惠券的方式促使此类客户在其耐心时间范围内购买。低忠诚客户的页面访问更关注产品的浏览和比较，企业可以主动提供相关产品推荐等服务，为此类客户优化访问路径，提高其购买的可能性。潜在客户未在企业有过购买行为和访问行为，他们需要通过访问过程加强对企业和产品的认知，企业可以主动提供咨询服务及新客户优惠券，以吸引此类客户购买。

第三节　电子优惠券的营销效应

电子优惠券是优惠券的电子形式，指通过各种电子媒体制作、传播和赎回的促销凭证。它不仅能有效地传播产品、服务和价格方面的信息，吸引用户的注意力，还能诱导一部分群体的需求，使其最终产生购买行为。

电子优惠券的本质，就是传统营销观念在互联网上的应用，是一种价格歧视或者说隐性广告。电子优惠券可以更便利地记录用户行为数据，电商企业可以运用这些用户数据准确定位某种产品的目标用户，也能通过数据中储存的消费记录来推测用户未来的行为，实现电子优惠券的精准营销。由此电商企业就可以减少使用昂贵的广告传播媒体，从而降低营销成本、提高营销效率，进而更好地满足消费者多样化的需求。

优惠券作为一种实施价格歧视与市场细分的营销工具，一直是市场营销领域研究的经典问题。21世纪以来，随着电子商务的迅猛发展，电子优惠券的形式、投放与使用方式也在不断变化和发展。在大数据背景下，对消费者的访问、浏览、搜索、筛选、购买、优惠券获取和赎回等所有行为都可以进行实时、准确的记录，这为电子优惠券的营销与效应测评提供了新的思路。

一、相关理论与方法

（一）优惠券相关概念及营销功能

1. 优惠券相关概念

所谓优惠券（coupon），通常是指持有人在购物或消费时享受折价、优惠价或换取赠品的一种凭证。最早的优惠券可追溯至1894年，是由可口可乐公司发布的，凭此优惠券可以领取一杯免费的苏打水。次年，C.W.Post推出了面值为1美分的优惠券，以推广新型的葡萄和坚果麦片。时至今日，优惠券依然是营销活动中最重要的促销媒介之一。传统优惠券通常以沿街散发、直接邮寄、随产品或服务活动附赠、刊登于报纸杂志等方式发送给消费者。随着时代的进步与网络资讯的发达，优惠券的形式已经从利用报纸、杂志、传单等媒介发行的传统优惠券发展成利用网络发行的电子优惠券。

电子优惠券是指各种以电子媒介形式制作、传播和使用的促销优惠凭证，包括电子代金券和电子折扣券。早期的电子优惠券通常为一张事先编辑好的图片文件，消费者从电子优惠信息网站直接下载或接收订阅的电子优惠券邮件，通过打印机直接打印出纸质优惠券，凭打印的优惠券享受优惠。提供此类电子优惠券服务的运营商主要有酷鹏网、口碑网、维络城等。新型电子优惠券则以一串代码表示代金券或折扣优惠券，这种优惠券被广泛运用于各大B2C电子商务网站，如京东商城、当当网等。

随着智能手机的快速普及，以手机为载体的移动优惠券作为一种新型优惠券和新的营销模式开始在手机用户中流行。移动营销协会（MMA）指出，移动优惠券（手机优惠券）是主动请求或被动发送到消费者手机上的，一种可以存储并在购买产品/服务时可兑换折扣的文本/图片票据。有学者认为，移动优惠券是以文本、图片甚至是条形码形式发送到移动设备上的数字优惠券。归根结底，移动优惠券就是以移动设备为载体的电子优惠券的创新形式。

此处的电子优惠券，是指B2C电子商务网站发行的电子代金券，该种优惠券以代码表示，其终端包括PC端和移动端（WAP端和App）。

2. 优惠券的功能

优惠券作为一种营销手段，兼具沟通和激励双重功能。优惠券的沟通功能主要体现在"通知或提醒现有与潜在消费者的及时购买"上，它的广告效应和传播功能在推介新产品时尤其明显。优惠券的激励功能主要体现在"通过提供一定量的价格减免权利，吸引新顾客或报答老顾客，实现增加短期销售额、建立顾客忠诚、维护老顾客关系与促进品牌转换等目的"。

发放优惠券和直接打折是促销工具中最常用的两种，两者都是变相的降价促销。打折这种方式更直接，短期内对销量的提升作用更明显。但是，优惠券保持了消费者对产品的心理价格，可有效避免消费者对产品质量产生猜疑。电子优惠券是传统优惠券与现代网络商务模式结合的产物，除了沿袭传统优惠券的促销功能，它还具有"电子"因素带来的额外优势。以PC为终端的网络优惠券和以移动设备为终端的移动优惠券，在目前的电子商务企业营销中具有重要的作用。总之，诸多研究证实，优惠券不仅是一种有效的促销和营销工具，而且已经演变成一种强大的广告和传播工具。优惠券赎回不仅有利于短期销售增长，而且有利于提升企业竞争力。

（二）优惠券赎回率与用户赎回行为

优惠券的发放方式可分为"拉式"（pull）和"推式"（push）两种。其中，推式发放源于公司产生的推销产品的需求，而拉式发放源于消费者对产品或优惠券的兴趣。在推式发放过程中，消费者处在被动接受的状态；而拉式发放正好相反，消费者是主动接受的。传统优惠券大多属于推式发放，如我们在街头收到的优惠券等。早期的电子优惠券，如酷鹏网、维络城等提供的电子优惠券就属于拉式发放，用户需要通过主动搜索、下载或打印来获取优惠券。随着电子商务的全面发展，电子优惠券进入了新的时代。新型电子优惠券的发放渠道更多样化，包括即时通信平台（如微博、微信）、电子商务平台（如企业门户网站、电商网站、团购网站）、短信、移动设备应用及视频内置广告等。其中，门户网站、移动设备应用和团购网站上的优惠券侧重于拉式发放，而即时通信平台、短信、电商平台、视频网站广告的优惠券则侧重于推式发放。总体而言，电子优惠券有效地将推式发放和拉式发放融合在一起，可以帮助电商企业/商家实现大范围分享优惠券的目标。

对企业来说，发放与回收是优惠券管理的两个重要环节。其中，发放是手段，而回收是目的。结合推式和拉式营销的原理来看，由于被动接受和主动接受反映了消费者对优惠券的认知和喜好的差异，因此拉式发放更有可能带来高水平的回收率。随着优惠券的发展，其赎回方式也发生了很大的变化。传统纸质优惠券的赎回方式为线下赎回，即需要持优惠券至指定兑换点进行赎回。早期电子优惠券的载体、传播方式,以及发送方式与传统电子优惠券有所区别,但其赎回方式为线下赎回。目前我们常见的新型电子优惠券,尤其是电商企业所投放的优惠券,多数可以直接在线上赎回,各类优惠券的发放与赎回方式见表4-14。

表4-14 各类优惠券的发放与赎回方式载体

优惠券种类	载体	传播方式	发放方式	赎回方式
传统优惠券	纸张	人工派发	推式	线下赎回
早期电子优惠券	短信、终端机	消费者主动订阅/搜索	拉式	主要为线下赎回
新型电子优惠券	代码	电商平台推送、活动期间消费者主动领取	推式与拉式相结合	主要为线上赎回

二、优惠券赎回率与用户赎回行为

优惠券赎回率是指企业/商家所回收的优惠券数量占发放优惠券总量的比例,是判别优惠券营销成功与否的重要指标。无论是传统的纸质优惠券,还是现在所流行的电子优惠券,只有在消费者赎回优惠券后,发放优惠券的企业/商家才能获取销售价值。在传统研究中,对优惠券营销是否成功,主要从每单位优惠券的运作成本和赎回率两个方面来评估。随着电子优惠券的变革,优惠券营销的单位运作成本(CPUM,包括面值、发放和处理等的成本)日趋低廉,优惠券赎回率越发成为电子优惠券营销成功与否的重要判别指标。

已有研究表明,优惠券赎回率主要受优惠券自身属性、消费者特征等方面因素的影响。其中,消费者特征影响消费者优惠券的赎回行为,进而影响优惠券的整体赎回率。这里主要探讨电子优惠券自身属性对赎回率的影响,以期为电商企业合理制订优惠券营销策略提供参考,并为电子优惠券促销定价决策模型提供数据支持。

(一)变量说明

此处以国内某B2C保险电商网站2017—2018年发放的优惠券为研究样本,探究优惠券发放数量及优惠券自身属性(优惠券面额、优惠券门槛、优惠券有效期等）对电商企业电子优惠券赎回率的影响。

1. 发放优惠券数量

相比传统的纸质优惠券，电子优惠券的制作和发放成本较低。一些电商企业在使用优惠券营销时会采用"轰炸式发放"，即高频率、多批量地发放电子优惠券。然而，优惠券的本质是价格歧视，发放数量适当，通常能对消费者起到刺激作用，但发放数量过多，就可能让消费者觉得并没有真正带来优惠。因此，电商企业的优惠券发放数量可能对电子优惠券赎回率产生反向影响。

2. 优惠券限制

商家在使用优惠券进行营销时，通常会视消费者购买的情况来限制消费者是否可以使用该优惠券，最常见的就是设置优惠券门槛、限制产品种类和限定人群等。

设置优惠券门槛是指当消费者购买达到一定金额时，才允许使用优惠券，如"满××元抵××元"。根据是否设置优惠券门槛，可将优惠券分为有门槛优惠券和无门槛优惠券两种。商家如果采用无门槛优惠券或降低门槛金额，优惠券可能会对消费者有较大的吸引力，从而提高优惠券赎回率。

在传统优惠券营销中，单产品优惠券与多产品优惠券对消费者的影响也不同。电商企业发放的电子优惠券，按照是否限制使用商品种类，通常可以分为专用优惠券和通用优惠券两种。专用优惠券是指购买指定的某类或某几类产品可用的优惠券，而通用优惠券可在全场各类商品中自由选购。相对而言，通用优惠券简洁明了、限制更少，可能会有更高的赎回率。

根据是否限定目标人群，可将电子优惠券分为指定用户可用的电子优惠券和任何人都可使用的电子优惠券两种。指定用户可用的电子优惠券一般仅限新用户使用，或者是针对某类消费者的特殊设计。通常来说，如果限定人群使用的优惠券设计合理，目标群体定位精准，相较于不限定人群的优惠券，有更高的赎回率。但是，在优惠券设计不合理或目标群体定位不精准的情况下，这种优惠券可能很难达到提高优惠券赎回率的效果。

优惠券活动的空间和时间限制对优惠券赎回率也有很大影响。电子优惠券，尤其是移动优惠券已经很好地解决了空间的限制，各地的消费者都可以领取并赎回优惠券。优惠券的时间，主要通过有效期来限制。电子优惠券有效期长短可能会对优惠券赎回率产生一定影响。

3. 优惠力度

优惠券面值是影响优惠券赎回率的重要因素之一。同等面值的优惠券，如果存在不同的使用门槛，对消费者的吸引力也有所不同。优惠券面值与优惠券折扣率（即优惠金额/使用门槛金额）相结合，更能体现优惠券的优惠力度。以"满100元减5元"和"每笔订单可直接抵用5元"两种优惠券为例，两者的优惠券面额都为5元，前者使用门槛金额为100元，优惠券折扣率为5%，后者为无门槛优惠券，为方便计算，将门槛金额计为5元，折扣率为100%。优惠券折扣率可能对优惠券赎回率产生正向影响，折扣率越高，则优惠券赎回率越高。

这里对电子优惠券赎回率影响因素研究中所涉及变量的解释见表4-15。

表 4-15　电子优惠券赎回率影响因素研究变量解释

变量分类	变量代码	变量名称
优惠券发放与赎回	n_provide	发放优惠券数量
	n_redeem	回收优惠券数量
	redemption_rate	优惠券赎回率，即回收优惠券数量/发放优惠券数量
优惠券限制	general	是否通用券：0—否，1—是
	threshold	是否无门槛：0—否，1—是
	user_range	优惠券使用范围：0—指定会员使用，1—任何人都可使用
	valid_period	优惠券有效期
优惠力度	thre_amt	使用门槛金额
	coupon_amt	优惠券面值
	discount_rate	优惠券折扣率，即优惠金额/使用门槛金额

（二）变量的描述性统计分析

我们以国内某保险电商企业近期投放的315种优惠券为样本进行统计分析。首先，对样本进行描述性统计分析，以了解变量的分布情况，结果见表4-16。

表 4-16　电子优惠券赎回率影响因素研究变量的描述性统计分析

变量	最小值	最大值	平均值	标准偏差
n_provide	40	251 828	2 810.01	15 687.473
n_redeem	0	9 405	112.24	579.313
redemption_rate	0.00	1.00	0.0854	0.15414
general	0	1	0.31	0.461
threshold	0	1	0.25	0.432
user_range	0	1	0.47	0.500
valid_period	2	3 652	179.00	525.135
thre_amt	1	500	119.38	109.947
coupon_amt	1	250	34.80	37.472
discount_rate	0.04	1.00	0.4107	0.37418

从表 4-16 中可以看出，在该电子商务企业优惠券营销的过程中，每次发放优惠券的数量存在很大差异。最多发放优惠券数量达到 251 828 份，给所有网站注册会员统一发券；最少发放优惠券数量为 40 份，仅给某一特定用户群体发券。赎回优惠券数量最小为 0 份，说明有些优惠券投放以后并没有消费者进行赎回，相应地，优惠券赎回率最小值为 0％，说明目前电子优惠券的设计与投放还存在不足之处。赎回率最大值为 100％，该种优惠券为客服申请向指定用户发券，仅发放 40 份，发放后全部赎回。赎回率平均值仅为 8.54％，具有较大的提升空间。优惠券有效期区间为 [2, 3652]，最短的仅有 2 天，最长的达到 10 年。优惠券使用门槛金额区间为 [1, 500]，优惠金额区间为 [1, 250]，优惠券折扣率区间为 [0.04, 1]。是否通用券、是否无门槛及优惠券使用范围三个变量为 0/1 型变量，区间为 [0, 1]。

对多维数据来说，若其中一维的数据的分布范围远超另外一维的数据，那么在分类时该维数据对其余几维数据会产生较大影响，所以要对相关变量进行数据标准化。这里采用 Z-score 标准化（zero-mean normalization）方法对发放优惠券数量（n_provide）、优惠券有效期（valid_period）、使用门槛金额（thre_amt）、优惠券面值（coupon_amt）进行数据标准化，其计算公式为

$z = \dfrac{x - \mu}{\sigma}$。其中，$x$ 为变量中的原始数据值，μ 为平均数，σ 为标准差。Z-score 标准化后各变量的分布区间见表 4-17。

表 4-17　Z-score 标准化后变量的分布区间

变量	最小值	最大值
Z-score（pro_coupon）	−0.17663	15.24997
Z-score（thre_amt）	−1.07673	3.46183
Z-score（coupon_amt）	−0.90187	5.74302
Z-score（valid_time）	−0.33306	6.31590

（三）相关性检验与线性回归拟合

为了进一步探究电子优惠券赎回率的影响因素与影响机制，本节分别对各电子优惠券属性变量与电子优惠券赎回率进行相关性检验，由此筛选出电子优惠券赎回率之间存在显著相关性关系的优惠券属性变量。基于相关性检验选择后的结果，以电子优惠券赎回率为因变量，以筛选后的优惠券属性变量为自变量，进行线性回归分析。

1. 相关性检验

为了探究各电子优惠券属性变量与赎回率之间是否存在相关关系，本节采用 Pearson 相关系数法，分别检验各优惠券属性变量与电子优惠券赎回率之间的相关性，所得结果见表 4-18。

表 4-18　电子优惠券属性与赎回率的相关性分析

变量	赎回率
Z-score（pro_coupon）	−0.053
general	0.070
threshold	0.237***
user_range	−0.014
Z-score（thre_amt）	−0.073
Z-score（coupon_amt）	0.018***
discount_rate	0.317***
Z-score（valid_period）	0.050

注：*** 表示在 0.01 的水平上结果显著。

在表4-18中，在没有限制因素作用时，发放优惠券数量与电子优惠券赎回率之间不存在显著的相关关系。在0.001的显著性水平上，是否无门槛（threshold）、优惠券折扣率（discount_rate）以及标准化后优惠券面值（Z-score（coupon_amt））这三个优惠券属性变量分别与电子优惠券赎回率（redemption_rate）之间存在相关关系。

2. 线性回归模型拟合

相关性分析仅能说明变量之间是否存在关系，以及关系的紧密程度，不能清楚地指出变量之间的因果关系。为了进一步判断电子优惠券属性对电子优惠券赎回率的影响程度和影响机制，我们采用多元线性回归模型进行分析。以电子优惠券赎回率为因变量，以是否无门槛（threshold）、优惠券折扣率（discount_rate）、标准化后优惠券面值（Z-score（coupon_amt））为自变量，进行线性回归模型拟合，所得结果见表4-19。

表4-19 线性回归模型拟合结果

	非标准化系数 B	标准误差	标准化系数 Beta	t	Sig.
常数项	0.008	0.017		0.923	0.000
threshold	0.024	0.014	0.154	1.726	0.000
discount_rate	0.122	0.048	0.342	2.532	0.002
Z-score（coupon_amt）	0.017	0.012	0.112	1.429	0.000

由表4-19可知，在0.001的显著性水平上，是否无门槛（threshold）与电子优惠券赎回率之间存在显著的正相关关系，也就是说，无门槛优惠券会有相对更高的赎回率。优惠券面值Z-score（coupon_amt）与电子优惠券赎回率之间存在显著的正相关关系，这也一些学者的研究结论一致。在0.01的显著性水平上，优惠券折扣率（discount_rate）与电子优惠券赎回率之间存在显著的正相关关系，优惠券折扣率越高，电子优惠券赎回率也相对越高。这也进一步说明，相比有门槛优惠券，无门槛优惠券有更高的赎回率。对有门槛优惠券来说，在优惠券面值一定时，优惠券使用门槛越高，优惠券赎回率越低。

参考文献

[1]曲慧梅,徐小红,古春杰.网络营销[M].长春:吉林出版集团股份有限公司,2022.

[2]吴俭,柯繁,江丽.网络营销[M].北京:电子工业出版社,2022.

[3]王潇潇,程虹.信息化背景下的网络营销研究[M].西安:西北工业大学出版社,2022.

[4]黄耿生.网络营销实务[M].北京:清华大学出版社,2022.

[5]唐麒,江婷.新编网络营销实务[M].南京:南京大学出版社,2017.

[6]凌云,刘齐.网络营销实务(第2版)[M].北京:中国人民大学出版社,2022.

[7]李玉.网络营销理论与实务研究[M].长沙:中南大学出版社,2022.

[8]王春梅.网络营销理论与实务(第二版)[M].北京:清华大学出版社,2022.

[9]迟梨君,袁洁.网络营销策划与文案写作:慕课版[M].北京:人民邮电出版社,2022.

[10]方美琪,潘勇.高等学校电子商务专业教材:网络营销(第2版)[M].北京:清华大学出版社,2022.

[11]曲亚琳,娄本宁.新媒体营销策略与实战[M].长春:吉林科学技术出版社,2022.

[12]孟昊雨.网络新媒体营销与技术[M].北京:中国商务出版社,2021.

[13]王春霞,左利,张恒儒.电商运营与网络营销[M].北京:中国农业科学技术出版社,2021.

［14］林若尘，吕凌菁.网络营销策划［M］.成都：西南交通大学出版社，2021.

［15］田玲.网络营销策划与推广［M］.北京：人民邮电出版社，2021.

［16］付珍鸿.网络营销（第2版）［M］.北京：电子工业出版社，2021.

［17］丁明华.网络营销实务［M］.北京：北京理工大学出版社，2015.

［18］于家臻，赵雨.网络营销实务（第二版）［M］.北京：中国财政经济出版社，2021.

［19］魏兆连，杨文红.网络营销：第3版［M］.北京：机械工业出版社，2021.

［20］杨韵.网络营销定位、推广与策划：微课版［M］.北京：人民邮电出版社，2021.

［21］李东进，秦勇，陈爽.网络营销理论、工具与方法：微课版［M］.北京：人民邮电出版社，2021.